수업이 즐거운
손그림 그리기

지은이 | 정원상

초등학교 교사이자 교육 콘텐츠 크리에이터.

'처음을 잊지 말자'라는 의미에서 첫 제자들이 지어준 별명 '양송이샘'을 필명으로 아이들이 행복하고 즐거운 교실을 만들기 위해 다양한 콘텐츠를 만들고 있다.

전국 단위 전문적학습공동체 참쌤스쿨 1기, 이미지 중심 콘텐츠 창작 연구회 '글쩍글쩍' 회장, 득템마켓 콘텐츠 디자이너, 그리고 이미지 중심 콘텐츠 창작과 활용법을 널리 공유하고자 연수 강사로 활동 중이다. 청소년상담복지개발원 웹툰 연재(2013~2016), 국정교과서 1, 2학년 『안전한 생활』 표지 및 삽화 제작(2016~2017), 《아침독서신문》 콘텐츠 창작법 연재(2018) 등의 창작 활동을 했으며, 『왕초보 교사도 뚝딱 만드는 디지털 학급운영 콘텐츠』(공저)를 펴냈다.

양송이샘의 블로그 blog.naver.com/miss_emotion

수업이 즐거운
손그림 그리기

초판 1쇄 발행 2019년 7월 30일
초판 2쇄 발행 2020년 6월 15일
지은이 정원상 글 · 그림
펴낸이 이형세
펴낸곳 테크빌교육㈜
책임편집 이윤희 | **편집** 옥귀희 | **디자인** 어수미 | **제작** 제이오엘앤피
테크빌교육 출판 서울시 강남구 언주로 551, 5층 | **전화** (02)3442-7783 (142)

ISBN 979-11-6346-034-3 03370
책값은 뒤표지에 있습니다.

테크빌교육 채널에서 교육 정보와 다양한 영상 자료, 이벤트를 만나세요!

블로그 blog.naver.com/njoyschoolbooks   **페이스북** facebook.com/teacherville
티처빌 teacherville.co.kr   **키즈티처빌** kids.teacherville.co.kr
쌤동네 ssam.teacherville.co.kr   **티처몰** shop.teacherville.co.kr

수업이 즐거운

손그림 그리기

정원상 글·그림

테크빌교육

나는 어릴 적에 그림 그리기를 좋아했습니다. 수업을 마치고 쉬는 시간이면 친구와 함께 그림을 그리며 수다를 떨었습니다. 하지만 중학교, 고등학교에 진학하며 점점 그림 그리기와 멀어졌고, 그림은 미래의 직업과는 전혀 상관없는 일이라고 여겼습니다. 그러다 교대 미술교육과에 진학하면서 다시 그림을 그리게 되었고, 졸업 후 교사가 되고서는 그림책에 관심이 생겨 꾸준히 그림을 보고 그렸습니다. 하지만 그저 취미생활일 뿐이었습니다.

그러다 교실에서 내 그림 실력을 활용할 방법이 없나 고민하게 되었습니다. 많은 시간과 노력을 들여 배운 그림 그리기를 아이들과 나누고 싶었습니다. 아이들과 이런저런 시도를 하는 과정에서 다양한 학급살이 노하우가 하나둘 쌓였습니다. 운 좋게 동료 선생님들을 대상으로, 그리고 전국의 선생님들을 대상으로 그림 그리기 연수도 진행했습니다.

연수를 하면서 많은 선생님들을 만났습니다. 이들은 크게 두 부류로 나눌 수 있었습니다. 한 부류는 그림에 관심이 있고 잘 그려서 이를 수업에 활용하고자 하는 선생님들이었고, 또 다른 부류는 그림 실력에는 자신이 없지만 그림 그리는 것을 배워 활용하고 싶은 선생님들이었습니다.

하지만 대부분의 연수는 그림의 기초를 간단히 알려주고, 자신의 평소 실력대로 그림을 그려서 이를 디지털화하거나 학급 활동에 활용하는 방법을 안내하는 것이 전부였습니다. 어린 시절 그림을 잘 그렸던 선생님들은 쉽게 따라왔지만, 그림이 서툰 대부분의 선생님들은 활용법이고 뭐고 자신이 그린 그림에 실망하곤 했습니다. 정말 안타까웠습니다. '그림을 잘 그리려면 엉덩이가 무거워야 한다.'는 말처럼 그림을 잘 그리기 위해서는 절대적인 연습 시간이 필요한데, 연수는 시간 제약이 있어 연습에 많은 시간을 할애할 수 없었습니다.

그래서 그림 그리기를 처음 접하는 사람도 쉽게 다가갈 수 있고, 잘 그리는 사람과 못 그리는 사람 간에 위화감 없이 어울려 누구나 자신의 생각을 그림으로 표현할 수 있는 방법을 고민했습니다. 그러던 중 누구나 쉽게 그리는 도형에서 힌트를 얻었습니다.

사실 도형을 활용한 그림은 새로운 것이 아닙니다. 그림은 점, 선, 면, 도형을 기초로 형태를 잡고 이를 오랜 시간에 걸쳐 사실적 형태로 발전시키는 복잡한 과정을 거쳐 완성됩니다. 그러나 『수업이 즐거운 손그림 그리기』에서는 이런 어려운 그림 창작법을 이야기하지 않습니다. 대신 모든 형태의 기본이 되는 도형을 활용해 조금만 연습하면 누구나 쉽게 그림을 그릴 수 있는 방법을 알려드립니다. 원하는 대상을 그림으로 그리는 기본적인 과정과 팁을 익히고, 일상생활 속 이미지, 수업에서 활용하기 좋은 교과별 이미지 등을 함께 그리며 그림 그리기에 익숙해질 수 있도록 구성하였습니다. 이를 교실에서 활용할 수 있는 방법도 함께 실었습니다.

이 책을 통해 우리 교실에서 교사와 학생 간 의사소통을 돕는 간결하고 단순한 그림들로 더 즐겁고 행복한 교실문화가 만들어지기를 기대합니다. 그리고 그림과 디지털 이미지를 활용해 개성 넘치는 학급살이를 꾸려가기 바랍니다.

많은 사람들이, 특히 교사와 학생들이 이 책을 통해 그림 그리기에 자신감을 가졌으면 좋겠습니다.

1 PART

수업에서 그림을 활용하면 무엇이 좋을까?

2 PART

도형 그림으로 드로잉 기초 다지기

3 PART

수업에서 활용 가능한
교과 주제별 그림 그리기

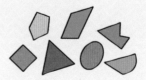

1
PART

수업에서
그림을 활용하면
무엇이 좋을까?

시대의 변화!
이미지를 통한 의사소통

오늘날의 의사소통은 옛날과 많이 다릅니다. 휴대폰에서
다양한 이미지와 이모티콘으로 소통하는 시대에
교실에서는 어떻게 의사소통하면 좋을지 살펴봅시다.

이미지와 영상의 시대

오늘날 상품 시장에서 중요하게 여겨지는 것은 디자인입니다. 예전에는 상품의 기능과 성능
이 상품 구매의 주요 기준이었지만 오늘날은 그 기준이 매우 다양해졌습니다. 그중에서도 중
요하게 부각되는 것이 디자인입니다. 디자인이 제품 사용에 실제적인 효능을 제공하는 것도
아닌데 왜 이렇게 신경을 쓰는 걸까요? 아마도 그것은 제품 본연의 기능 외에 자주 접하고 보
면서 느끼는 시각적인 즐거움을 중요하게 생각하기 때문일 것입니다. 이는 제품의 성능과 함
께 이미지를 소비하는 시대로 접어든 것을 의미합니다.

오늘날 이미지 소비는 다양한 형태로 나타나고 있습니다. 제품 디자인뿐만 아니라 인터넷
페이지, 뉴스 등의 정보들도 텍스트에서 이미지 중심으로 변화하고 있습니다. 이런 변화는
일상적인 의사소통에서도 찾아볼 수 있습니다. SNS나 채팅에서 이모티콘, 짤방을 사용하는
것이 대표적입니다.

이미지 소비의 형태는 인터넷과 스마트폰에 익숙한 젊은 사람들에게서 더욱 많이 찾아볼
수 있습니다. 이는 의사소통의 방식이 세대가 바뀌면서 변화해가는 것을 의미합니다. 멀티미
디어 기술이 발전함에 따라 지금의 아이들은 어려서부터 책보다 멀티미디어를 더 많이 접하
고 있습니다. 그래서 정보를 얻고 전달하는 방식도 예전과 많이 달라졌습니다. 예전에는 책
에서 정보를 얻었다면 요즘엔 유튜브 같은 동영상이나 이미지에서 정보를 얻는 경우가 많아
졌습니다.

이러한 변화는 앞으로 영상이나 이미지가 더욱 중요한 시대가 될 것임을 예측하게 합니다.

텍스트 정보와 이미지 정보

이미지 정보는 텍스트 정보와 많은 차이를 가지고 있습니다. 그중 이미지 정보가 가지는 장점들이 정보가 넘쳐나는 현대 사회에서 더욱 부각되면서 그 중요성이 높아지고 있습니다. 그럼, 이미지 정보의 장점으로는 어떤 것이 있을까요?

첫 번째, 사람들은 텍스트 정보보다 이미지 정보를 더 선호하는 경향이 있습니다. 이미지는 텍스트보다 더 직관적입니다. 같은 정보라면 이미지가 먼저 눈에 들어옵니다. 그래서 집중해서 읽어야 하는 텍스트 정보보다 직관적인 이미지 정보를 더 선호합니다. 요즘 SNS나 웹페이지에서 이미지 비중을 높이는 이유도 바로 이 때문입니다.

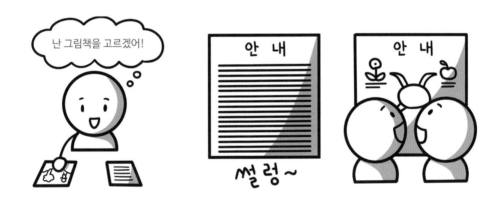

두 번째, 이미지 정보는 텍스트 정보보다 기억에 오래 남습니다. 듣거나 읽은 정보보다 직접 눈으로 본 것을 쉽게 기억했던 경험이 있을 것입니다. 이미지는 정보 습득의 시간을 단축시킵니다.

세 번째, 이미지 정보는 함축성을 가지고 있습니다. 텍스트 정보처럼 구체적이고 정확하지는 않지만 함축적입니다. 이미지 하나만으로도 다양한 정보를 제공할 수 있습니다. 그리고 그 함축된 정보는 자연스럽게 이미지와 함께 기억됩니다. 정보가 넘쳐나는 오늘날, 이미지의 함축성은 불필요한 정보를 줄이고 필요한 정보만 집중적으로 습득할 수 있도록 도와줍니다.

위와 같은 장점들 때문에 이미지 정보는 텍스트 정보에 비해 정보가 넘쳐나는 현대 사회에 더 적합합니다. 그렇다고 이미지 정보가 텍스트 정보보다 우위에 있다는 것은 아닙니다. 텍스트는 이미지가 표현할 수 없는 구체적이고 추상적인 개념까지 설명할 수 있는 중요한 수단입니다. 따라서 이미지와 텍스트를 상황에 따라 적절하게 섞어 쓰는 것이 가장 이상적입니다.

이미지 창작 교육의 필요성

정보가 넘쳐나고 창의적인 아이디어가 필요한 미래 사회에는 무엇보다 창의적 의사소통이 필요합니다. 이를 위해서는 교실에서 이미지 활용의 범위를 넓혀 직관적이고도 효율적인 의사소통을 해야 합니다. 하지만 현재 교사와 학생들이 이미지를 활용하는 데는 몇 가지 문제점이 있습니다.

첫 번째는 내게 필요한 적합한 이미지를 찾는 데 걸리는 시간과 노력의 문제입니다. 웹상에 수많은 이미지들이 있지만 내가 원하는 정보를 함축적으로 잘 표현한 이미지를 찾기란 쉬운 일이 아닙니다. 힘들게 찾아내더라도 딱 마음에 드는 이미지가 아니라 머릿속으로 구상한 것과 흡사한, 다소 애매한 이미지인 경우가 많습니다. 검색어만으로는 필요한 이미지를 정확하게 찾기도 어렵고, 적합한 이미지를 찾았더라도 편집이나 수정을 해야 하는 경우가 많습니다.

두 번째는 저작권 문제입니다. 웹에서 힘들게 적합한 이미지를 찾았더라도 함부로 사용할 수 없습니다. 모든 이미지에 저작권이 있어 개인적인 사용일지라도 저작권자의 허락을 받아야 하기 때문입니다. 또 공개된 이미지라도 저작권자가 사용 권한을 제한하고 있다면 사용하지 못합니다. 즉 적합한 이미지를 찾았다면 사용 허락을 받아야 하고 허락을 받지 못하면 다른 이미지를 찾아야 합니다.

이미지 창작 교육은 이러한 문제점들을 해결하고 효율적인 의사소통을 하기 위해 필요합니다. 스스로 이미지를 창작할 수 있다면 이미지를 찾기 위해 시간과 노력을 들이지 않아도 되고 저작권 문제에서도 자유로울 수 있으며, 더 나아가 이미지 정보의 확산에 기여할 수 있습니다.

2

누구나 할 수 있는

교실 속 이미지 활용

교실 속 이미지 활용은 교사와 학생 간 의사소통에 재미와 생기를 더합니다. 그뿐 아니라 개성 넘치는 이미지 창작 과정을 통해 창의력까지 쑥쑥 자랍니다.

교실 속 이미지 활용 의사소통의 필요성

교실에서는 끊임없는 의사소통이 일어납니다. 흘러가는 간단한 질문과 대답부터 교사의 판서, 학생들의 필기, 보고서 작성은 물론 핵심 정보를 요약하고 전달하는 말하기까지 다양한 의사소통이 일어나지요. 하지만 지금까지 교실 속 의사소통은 텍스트를 중심으로 이루어졌습니다. 이제는 달라져야 합니다. 의사소통 형태의 다양성을 꾀하고 의사소통의 효율을 높이기 위해서 이미지를 활용한 의사소통이 필요합니다.

교실 속 이미지 활용의 어려움

학교 현장의 교사들은 저마다의 이유로 교실 속에서 이미지를 자유롭게 활용하고 싶은 마음이 있을 것입니다. 하지만 현실에는 몇 가지 어려움이 따릅니다.

첫 번째는 교사의 이미지 창작 능력과 지도 능력이 부족하다는 것입니다. 많은 교사들이 그림을 활용해 학급을 운영하는 선생님을 보며 부러워합니다. 그러면서도 선뜻 시도하지 못하는 이유는 교사 스스로 그림을 못 그린다고 생각하거나 실제로 소질이 없어서일 것입니다. 사실 능력이 부족한 상태에서 이미지를 수업에 활용하는 것은 어려운 일이고, 그것을 아이들에게 지도하는 것은 더더욱 어려운 일일 것입니다.

두 번째는 교사가 부단한 노력 끝에 이미지 창작 능력과 지도 능력을 갖췄다 하더라도 학생들이 이미지 창작에 부담감을 느낀다는 문제입니다. 이미지 중심 의사소통을 부담 없이 즐기는 학생은 미술을 잘하는 학생들뿐이고, 그림에 소질이 없는 대부분의 학생들은 들러리가 되기 쉽습니다.

이와 같은 문제를 해결하지 못한다면 교실 속 이미지 활용은 제대로 이뤄질 수 없습니다. 그것은 그림 그리기에 소질이 있고 흥미가 있는 몇몇 아이들과 교사에게만 의미있는 수업에 불과합니다.

단순화로 문제를 해결하다!

이러한 문제를 해결하고 수업에서 이미지를 제대로, 잘 활용할 수 있는 방법이 있습니다. 그것은 의사소통을 위한 이미지는 미술에서의 이미지와 다르다는 데서 찾을 수 있습니다.

의사소통을 위한 이미지는 목적이 의사소통 그 자체에 있습니다. 그래서 미술에서의 이미지와 다르게 예술성이 중요하지 않습니다. 그보다는 정보의 정확한 표현과 전달이 중요합니다. 화려한 색이나 세밀한 표현도 필요하지 않습니다. 정확한 정보 전달을 위해서는 최대한 단순화해서 표현해야 합니다. 단순화야말로 미술의 예술적 이미지와 구분되는 의사소통 중심 이미지의 핵심이라고 할 수 있습니다.

이미지를 단순화하여 표현하는 과정은 자신과의 의사소통을 더욱 활발하게 해줍니다. 그림으로 자신의 생각을 정리하여 표현할 때에는 글이나 말로 옮기는 것보다 훨씬 고차원적인 사고가 필요합니다. 단순화하여 표현하려면 정보의 중요도를 가릴 줄 알아야 하며 표현하고자 하는 개념에 대해 생각해야만 합니다. 정보를 단순화하기 위해 스스로 질문을 던지고 생각하는 과정 속에서 아이들은 자신과의 의사소통을 활발하게 합니다.

단순화된 이미지는 그리는 것이 어렵지 않습니다. 단순화하기 위해 생각하는 것이 힘들 뿐이지요. 누구나 따라 그릴 수 있을 정도로 쉬워서 미술을 잘하는 친구들과 비교되지도 않습니다. 심지어 선생님과 학생의 그림도 비교되지 않습니다. 그림 실력을 비교하지 않으면 이미지를 표현하고 공유하는 데 큰 심리적인 위안이 됩니다.

이미지를 단순화하여 표현하는 것은 자신의 개성을 잘 드러낼 수 있는 창의적인 활동입니다. 같은 정보, 같은 사물을 그리더라도 각자가 바라보는 시점이나 관점에 따라 창의적인 표현이 가능합니다. 이것은 그림 그리기 실력과 무관하며, 그렇기 때문에 그리기에 소질이 있는 학생보다 그렇지 않은 학생이 더 창의적인 결과물을 내는 경우도 많습니다. 이것은 단순화하여 그리기가 일반적인 미술 수업과 다름을 방증합니다.

점, 선, 면을 이용한 그림 그리기

미술에서는 조형의 기본 요소로 점, 선, 면을 꼽습니다. 이미지의 가장 기본이 되는 것도 점, 선, 면입니다. 이것들을 이용해 최대한 단순화된 그림을 그릴 수 있습니다.

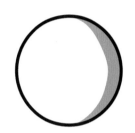

옆에 그려진 동그라미를 보면 무엇이 떠오르나요? 아마 다양한 대답이 나올 것입니다. 동그란 속성을 가진 대상이면 뭐든 떠올릴 수 있으니까요.

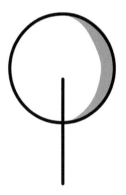

그럼 여기에 하나의 선을 그어보겠습니다. 무엇이 떠오르나요? 이번에도 사람에 따라 다양한 답이 떠오를 것입니다. 하지만 그냥 동그라미만 있을 때보다는 대답의 수가 줄어들 것입니다. 하나의 직선이 또 다른 특성을 부여하면서 범위가 좁혀졌기 때문입니다.

마지막으로 선을 2개 더 그어보겠습니다. 무엇이 떠오르나요? 많은 사람들이 나무를 생각할 겁니다. 이렇듯 나무를 그리는 데에는 원 하나와 선 3개만 있으면 됩니다. 정말 단순하게 그린 그림이지만 이것을 본 대부분의 사람들은 나무를 떠올립니다.

그림을 하나 더 보겠습니다. 세로로 그어진 선 하나, 무엇인 것 같나요? 잘 모르겠나요? 그럼 조금 더 그려보겠습니다.

이번엔 무엇인 것 같나요? 아직도 잘 모르겠나요? 단순히 세로 직선이 반복되어 있습니다. 이것이 무엇일까요?

마지막으로 선 주변에 그림을 추가해 그려보겠습니다. 이제 무엇인지 알겠나요? 아마 대부분의 사람들이 무엇을 표현한 것인지 알았을 것입니다. 단순한 세로 직선도 모이면 어떤 특성을 만들고, 주변 그림들과 영향을 주고받으면 그 특성이 더욱 구체화되어 존재를 드러냅니다.

교실 속 이미지 창작의 교육적 효과

점, 선, 면(도형)을 이용해 그림을 그리는 과정은 정보를 함축적으로 표현하는 과정입니다. 이를 위해서는 정보를 분석하고 종합하는 능력이 필요합니다. 이 과정을 통해서 사물의 외형은 물론이고 본질에 대한 탐구 능력을 키울 수 있으며 드로잉 능력 등 미술 활동의 기초 소양도 함께 쌓을 수 있습니다.

이렇듯 점, 선, 면을 이용해 이미지를 창작하는 활동은 단순히 의사소통만을 위한 것이 아니라 그것 자체가 교육적인 효과를 가집니다.

점, 선, 면을 이용한 그림은 누구나 쉽게 그릴 수 있습니다. 또 생각을 이미지로 창작하는 재미가 있어 수업 활동이 흥미로워집니다. 그리는 사람의 생각과 개성이 담겨 있으므로 서로의 생각을 비교하며 의사소통할 수 있습니다. 하지만 점, 선, 면을 이용한 그림이 아무리 쉽고 효과적인 이미지 창작 방법이라도 기초를 모르면 헤매기 마련입니다.

이 책 2부에서는 교실에서 실패 없이 효과적으로 적용할 수 있는, 교사와 학생들을 위한 구체적인 이미지 창작법의 기초를 안내하겠습니다.

이런 그림 정도는
나도 그릴 수 있지!

2
PART

도형 그림으로
드로잉
기초 다지기

Chapter

준비가 반!

준비물과 주의점

시작이 반이라는 말이 있죠? 아닙니다. 준비가 반입니다.
그림을 그리는 데 사용하기 좋은 재료와 주의할 점에 대하여
알아봅시다.

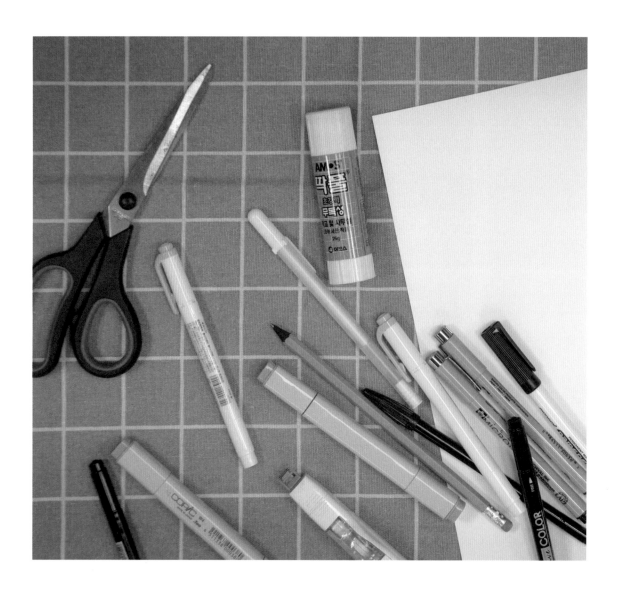

필수 준비물

1. 라이브 컬러 펜(트윈 펜)

라이브 컬러 펜은 2가지의 굵기를 가지고 있어서 효과적으로 라인을 그릴 수 있습니다. 다만 물과 만나면 번질 수 있습니다.

2. 멀티라이너

멀티라이너는 라이브 컬러 펜처럼 라인을 그릴 때 사용합니다. 가격은 라이브 컬러 펜보다 비싸나 잘 번지지 않습니다. 다양한 굵기가 있으니 필요에 따라 선택해 사용하면 좋습니다.

3. 회색 마커

회색 마커는 도형을 그리고 그림자를 넣을 때 사용합니다. 전문적인 마커는 가격이 비싸니 회색 사인펜 등을 이용해도 좋습니다.

4. 포인트 색 마커

포인트를 주어 강조하고 싶은 부분에 색을 넣을 수 있는 마커를 준비하면 좋습니다. 이것 또한 다양한 색의 사인펜으로 대체할 수 있습니다.

5. 수정액

수정액은 라인을 그릴 때 잘못 그려진 부분이나 지저분한 잡티 등을 지우는 데 사용합니다. 그림을 디지털화해서 사용할 때 스캔 과정에서 잘못된 부분이 티나지 않도록 지울 수 있습니다.

6. 도화지

도화지는 마커나 물감으로 색을 칠해도 울지 않고 찢어지지 않는 것이 좋습니다. 교실에서는 일반적으로 200g이 안 되는 얇은 도화지를 사용합니다. 색을 칠할 땐 가능하면 200g 이상의 도화지를 사용하길 추천합니다.

그리기 전 알아두어야 할 점

Q 1 | 깔끔한 선은 어떻게 그리나요?

깔끔한 선을 그리기 위해서는 반복적인 선 긋기 연습이 필요합니다. 선은 반복적으로 연습된 근육의 움직임으로 그리는 것입니다. 그래서 많이 연습한 선들은 쉽고 정확하게 그릴 수 있습니다.

Q 2 | 스케치를 하지 않고 그린다고요?

도형 그림은 단순한 형태를 지향하기 때문에 스케치를 하지 않고 바로 그립니다. 스케치를 하면 두 번의 반복적인 그리기 과정으로 인해 쉽게 지치고 그리기와 멀어질 수도 있습니다. 낙서하듯 스케치 없이 바로바로 그려서 완성하는 연습이 필요합니다.

28

Q3 | 입체적인 그림? 평면적인 그림?

도형 그림은 평면적인 그림을 지향합니다. 그래서 원근법이나 비율 등을 고려하지 않고 편안하게 그립니다.

Q4 | 구도는 어떻게 잡아야 하나요?

사물이나 인물을 그릴 때는 그 대상이나 대상의 동작의 특징을 가장 잘 나타낼 수 있는 방향으로 구도를 잡아야 합니다. 예를 들어 달리는 모습은 옆모습으로 그려야 그 움직임을 잘 나타낼 수 있고, 손을 좌우로 흔들며 인사하는 모습은 정면으로 그려야 동작을 표현하기가 쉽습니다.

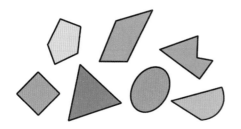

Q5 | 그리다가 실수했는데 어쩌죠?

그림을 그리다 보면 실수해서 망칠 수도 있습니다. 이때 한 부분을 망쳤다고 전체를 버리면 안 됩니다. 틀린 부분에 종이를 잘라 붙인 후 다시 그려서 수정하면 되니까요. 완성된 그림을 컴퓨터로 스캔해서 조금만 보정하면 감쪽같이 수정된 그림을 얻을 수 있습니다.

Q6 | 기호를 사용한다고요?

도형 그림은 최대한 단순하게 사물을 표현하는 데 핵심이 있습니다. 기호는 상징적으로 압축된 이미지입니다. 따라서 약속된 이미지인 기호를 사용하여 이미지 표현의 효율성을 높이면 좋습니다.

Q7 | 이미지로 표현하기 힘들면 어쩌죠?

모든 정보나 텍스트를 이미지로 표현할 수 있는 것은 아닙니다. 이미지로 표현하기 쉬운 정보도 있지만 까다로운 정보도 있습니다. 후자의 경우라면 글자를 넣어 이미지가 무엇을 나타낸 것인지 분명하게 해줄 수 있습니다. 예를 들어 보험 설계사를 그려야 한다면 인물 그림 아래에 '보험 설계사'라고 적어주는 것입니다.

1. 선은 천천히 그린다.

그림을 빨리 그리려다 보면 선의 형태를 신경 쓰지 않고 그리는 경우가 생깁니다. 그러면 원했던 선을 그리기 어려워지고 완성된 그림도 불안정해집니다. 최대한 정성 들여 선을 하나하나 그려주어야 합니다.

앗! 서두르다 얼굴 형태가
찌그러졌다.

천천히 형태를 생각하며 그리니까
잘 그려지는구나!

2. 선의 끝점을 향해 한 번에 그린다.

선의 형태에 너무 신경 쓰다 보면 선을 그을 때 중간중간 멈춰가며 그리는 경우가 있습니다. 이렇게 중간에 멈추면 멈춘 곳에 동그란 점이 생기도 하고 선이 꺾여 각이 생기기도 합니다. 선의 끝점을 생각하며 일정한 속도로 한 번에 그려야 깔끔한 선을 그릴 수 있습니다.

내 선은 왜 이렇게
우둘투둘하지?

한 번에 쉬지 않고 그리는 게 쉽지 않지만
깔끔하게 그릴 수 있어서 좋아!

3. 선과 선이 벌어지지 않도록 연결한다.

그림의 선과 선은 끝이 벌어지지 않게 연결합니다. 선의 끝이 벌어져 있으면 형태가 완벽하지 않고 지저분한 느낌이 듭니다. 그뿐 아니라 디지털 채색할 때 한 부분의 색이 배경으로 빠져나가는 문제가 생기기도 합니다.

선들이 어긋나거나 벌어져 있으니까
지저분해 보이네...

선들의 끝을 잘 연결하니까
깔끔해서 좋다!

4. 실수했거나 틀렸다고 덧그리지 않는다.

선을 그리다 실수하거나 틀렸을 때 이를 고치기 위해 덧그리면 선이 2개가 되거나 일부분만 두꺼워져 보기에 좋지 않습니다. 형태가 조금 이상하더라도 일단 덧그리지 말고 전체를 완성해보세요.

잘 그리려고 덧그린 건데...
더 지저분해졌어...

앞머리를 잘못 그렸는데
완성하고 보니 많이 이상하지 않네!

5. 선의 두께를 생각하며 그린다.

사용하는 펜의 두께에 따라 그릴 대상의 크기를 결정해야 합니다. 좁은 공간에 두꺼운 펜으로 그림을 그리면 선과 선이 붙어서 형태를 알아볼 수 없습니다. 펜의 두께에 따라 얼마나 세밀하게 표현할지를 정해야 합니다.

멋진 로봇을 그리려고 했는데
그리고 보니 뭔가 뭔지...

동그라미가 작으니까
단순한 꽃 모양을 그려야겠다.

6. 형태 그리기에 자신이 없으면 연필로 가이드 점을 찍어 그린다.

선이나 도형 그리기에 자신이 없거나 크게 그려야 해서 부담이 된다면 중간중간에 연필로 가이드 점을 찍고 이를 따라 그리면 형태를 바르게 그릴 수 있습니다. 가이드 점을 찍어 그릴 때 선이 가이드 점을 반드시 지나가야 하는 것은 아닙니다. 가이드 점을 기준으로 방향을 잡아 매끄럽게 그리면 됩니다.

왜 자꾸만 찌그러질까?
동그라미 그리기 너무 힘들어...

가이드 점을 따라 그리니까
원 그리기가 더 쉬워졌어!

기초부터 착실히!

기본 선 그리기

활동지를 활용해 선 긋기 연습을 해봅시다.
연습하며 내가 잘하는 것과 더 많은 연습이 필요한 것을
생각해봅니다.

기본 선 그리기의 중요성

어릴 적에 미술학원을 다녀본 적이 있나요? 미술학원을 다녀본 사람이라면 그림 그리기 첫 번째 활동으로 무엇을 하는지 잘 기억날 겁니다. 너무나도 단순하고 반복적이어서 지겨운 활동이었던 선 긋기가 바로 그것입니다. 그림을 배우는 사람들은 빨리 형태를 그리고 색도 칠하고 싶어합니다. 그런데 왜 이런 요구를 무시하고 지겨운 선 긋기 활동을 먼저 할까요? 그 이유는 선이 그림의 형태를 결정하는 가장 중요한 요소이기 때문입니다. 여러 개의 선들이 모여서 세모, 네모, 동그라미 등의 도형을 만들고 무수히 많은 선들이 겹쳐져 명암을 표현합니다. 따라서 선 긋기가 바르게 되어야 올바른 형태의 그림을 그리는 기본적인 힘을 가질 수 있습니다.

또한 그림을 배우면서 꾸준히 연습해야 하는 것이 바로 선 그리기입니다. 사용하는 도화지의 크기나 그리는 도구만 달라져도 평소 잘 그렸던 선을 쉽게 그리지 못하는 경우가 있습니다. 그림을 그리면서 형태가 안정되지 않거나 생각하는 대로 선을 긋지 못한다면 먼저 빈 종이에 기본 선 그리기 연습을 해야 합니다. 선 긋기에 자신감이 생기면 그림 속 선들도 그 자신감이 묻어나 더욱 멋진 그림으로 거듭날 것입니다.

기본 선 그리기

짧은 선 그리기

선을 그릴 땐 종이를 돌리지 않고 그리는 것이 좋습니다. 다양한 방향으로 선을 긋는 연습을 해야 근육이 골고루 단련되어 필요할 때 정확한 방향의 선을 그릴 수 있습니다.

긴 선 그리기

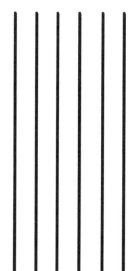

긴 선을 그을 때는 손목을 쓰지 말고 손목을 고정한 채 팔 전체를 움직여 그리도록 합니다. 팔 전체를 움직이면 긴 선을 끊어지지 않게 그릴 수 있을 뿐 아니라 팔의 흔들림을 줄일 수 있습니다.

빈 종이에 긴 선을 그을 땐 중간에 가이드 점을 2~3개 찍어두고, 점을 이어간다는 생각으로 그으면 삐뚤지 않은 선을 얻을 수 있습니다.

- 종이를 돌리지 않고 그리는 연습을 합니다.
- 그림의 크기에 따라 사용하는 관절과 근육의 차이를 생각하며 그리기 연습을 합니다.
- 두께가 있는 펜으로 천천히 정확한 형태를 그리는 데 집중합니다.

곡선 그리기

손목이나 팔꿈치를 고정한 채 곡선을 그리면 그릴 수 있는 종류가 제한됩니다. 다양한 곡선을 그리기 위해서는 팔 전체를 움직여 그리는 연습을 해야 합니다.

꺾은선 그리기

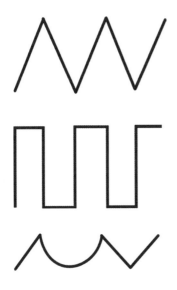

꺾은선은 연필을 떼지 말고 한 번에 끝까지 긋도록 연습합니다.

꺾은선이 이루는 각이 일정하게 유지되도록 그리는 연습을 합니다. 원하는 각으로 선을 이어가는 연습을 충분히 해야 다양한 다각형을 자유롭게 그릴 수 있습니다.

짧은 선 그리기

✏️ 회색 선을 따라 그리기 연습을 해보세요.

✏️ 연습한 것을 잘 생각하며 아래 빈칸에 다시 한 번 그려보거나 응용해서 그려보세요.

긴 선 그리기

✏️ 회색 선을 따라 그리기 연습을 해보세요.

✏️ 연습한 것을 잘 생각하며 아래 빈칸에 다시 한 번 그려보거나 응용해서 그려보세요.

곡선 그리기

 회색 선을 따라 그리기 연습을 해보세요.

 연습한 것을 잘 생각하며 아래 빈칸에 다시 한 번 그려보거나 응용해서 그려보세요.

꺾은선 그리기

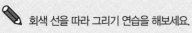 회색 선을 따라 그리기 연습을 해보세요.

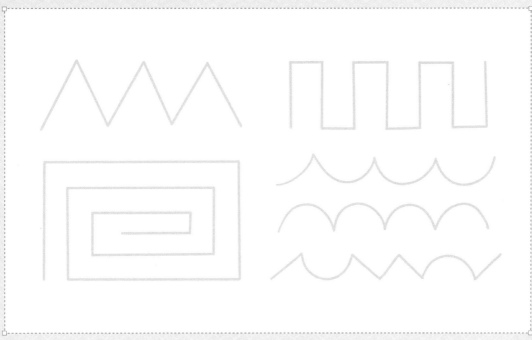

✏ 연습한 것을 잘 생각하며 아래 빈칸에 **다시 한 번** 그려보거나 **응용**해서 그려보세요.

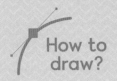

나의 선 체크리스트

기본 선 그리기 연습은 잘 마쳤나요? 연습한 선은 깔끔하게 잘 그어졌나요? 깔끔한 선은 아름답게 보일 뿐 아니라 이미지의 가독성을 높여주어 정확하고 빠른 정보 전달에 큰 도움이 됩니다. 다음 단계로 넘어가기 전 아래 체크리스트를 통해 나의 선은 어떤지 확인해보세요. 혹시 부족한 부분이 있다면 해당 부분을 신경 써서 아름다운 선을 그릴 수 있도록 연습해보세요.

선의 일치

가이드 선에서 벗어나지 않게 그렸는가?
근육의 움직임이 익숙하지 않다면 가이드 선에서 벗어난 선을 긋게 됩니다. 그림을 그릴 때 다양한 선을 활용하기 위해서는 까다로운 선도 익숙해질 수 있도록 연습해야 합니다.

선의 흔들림이 적은가?
가이드 선은 어느 정도 맞추어 그렸으나 선 자체의 흔들림이 많은 경우도 있습니다. 이보다는 가이드 선에서 조금 벗어나더라도 흔들림이 없는 선이 낫습니다.

선의 시작점과 끝점을 정확히 맞추었는가?
선의 시작점과 끝점을 정확히 맞출 수 있어야 합니다. 이는 선이 복잡하게 연결될 경우 더욱 중요한 부분입니다.

선의 굵기

선의 굵기를 일정하게 그렸는가?
그림을 그리다 보면 선의 굵기가 변하는 경우도 있습니다. 하지만 하나의 선은 같은 굵기로 그려주는 것이 좋습니다. 그래야 이미지가 통일성 있게 보입니다.

선의 연결

선은 끊어지지 않고 한 번에 그려졌는가?
선은 시작점에서 끝점까지 한 번에 그리는 것이 중요합니다. 만약 중간에 끊어야만 한다면 펜을 종이에서 떼지 않은 채 멈추었다가 최대한 빨리 다시 그리는 것이 좋습니다.

선의 간격

선을 반복해서 그릴 때 같은 간격을 유지했는가?
그림에서 선과 선의 간격은 선을 질서 있고 분명해 보이도록 하는 요소입니다. 같은 간격으로 선을 그을 수 있어야 통일성 있는 이미지를 만들 수 있습니다.

혼합 선 그리기 (1)

✏️ 회색 선을 따라 그리기 연습을 해보세요.

✏️ 연습한 것을 잘 생각하며 아래 빈칸에 다시 한 번 그려보거나 응용해서 그려보세요.

혼합 선 그리기 (2)

 회색 선을 따라 그리기 연습을 해보세요.

 연습한 것을 잘 생각하며 아래 빈칸에 다시 한 번 그려보거나 응용해서 그려보세요.

혼합 선 그리기 (3)

✏️ 회색 선을 따라 그리기 연습을 해보세요.

✏️ 연습한 것을 잘 생각하며 아래 빈칸에 다시 한 번 그려보거나 응용해서 그려보세요.

혼합 선 그리기 (4)

 회색 선을 따라 그리기 연습을 해보세요.

 연습한 것을 잘 생각하며 아래 빈칸에 다시 한 번 그려보거나 응용해서 그려보세요.

3
Chapter

기초부터 착실히!

기본 도형 그리기

기본적인 도형 그리기 연습을 해봅시다.
연습을 통해 내가 잘하는 것과 연습이 필요한 것이 무엇인지
알아보세요.

다양한 기본 도형 그리기의 필요성

모든 사물은 형태를 단순화해 간단한 도형으로 나타낼 수 있습니다. 따라서 기본 도형만 잘 그릴 수 있다면 이를 활용해 대부분의 사물을 그릴 수 있습니다. 하지만 선이 반듯하고 형태가 안정된 도형은 연습 없이는 쉽게 그릴 수 없습니다. 쉬워 보이는 세모, 네모, 동그라미도 각도와 크기를 다르게 하면 평소와 다르게 어렵게 느껴지기도 합니다. 이것은 도형의 크기와 각도가 달라지면 그릴 때 사용하는 근육의 종류와 움직임이 달라지기 때문입니다. 그래서 기본 도형을 편하게 그리기 위해서는 다양한 크기와 각도를 가진 여러 도형을 많이 그려보는 것이 좋습니다.

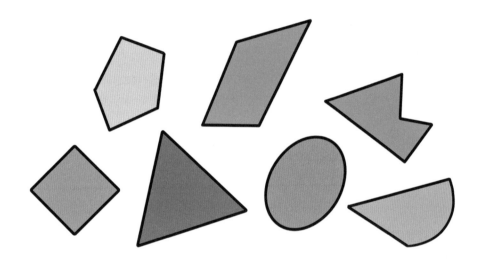

기본 도형 그리기

삼각형 그리기

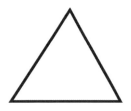

삼각형의 꼭짓점에서 두 선이 만날 때 튀어 나가지 않고 하나의 선처럼 연결되도록 잘 마무리합니다.

하나의 방법으로만 그리지 말고 세 변을 따로따로 그리는 연습과 세 변을 한 번에 이어서 그리는 연습을 같이 합니다. 그리고 가장 좋은 결과물이 나오는 방법, 즉 자신에게 맞는 방법을 찾아보세요.

사각형 그리기

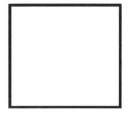

사각형의 꼭짓점에서 두 선이 만날 때 튀어 나가지 않고 하나의 선처럼 연결되도록 잘 마무리합니다.

하나의 방법으로만 그리지 말고 네 변을 하나하나 그리기, 두 변씩 이어 그리기, 세 변 이어 그리고 한 변 그리기, 네 변 모두 이어 그리기 등 다양한 방법으로 그리기 연습을 합니다.

- 종이를 돌리지 않고 그리는 연습을 합니다.
- 그림의 크기에 따라 사용하는 관절과 근육의 차이를 생각하며 그리기 연습을 합니다.
- 두께가 있는 펜으로 천천히 정확한 형태를 그리는 데 집중합니다.

다각형 그리기

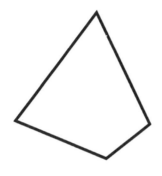

 다각형을 그릴 때에는 각 꼭짓점의 다양한 각을 여러 방향에서 그리는 연습을 해야 합니다. 여러 가지 각도를 그리는 연습을 하면 근육이 고루 단련되고 필요할 때 원하는 도형을 쉽게 그릴 수 있습니다.

 모든 변을 하나씩 나누어 그려보기도 하고 하나로 이어 그려보기도 하면서 가장 좋은 결과물이 나오는 방법을 찾아보세요.

원 그리기

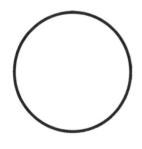

 원을 한 번에 그려보기도 하고 왼쪽 반원, 오른쪽 반원으로 나누어 그려봅니다. 그리고 가장 좋은 결과물이 나오는 방법을 찾아보세요.

 큰 원은 손목을 사용하지 말고 팔 전체를 움직여서 그리는 것이 효과적입니다.

삼각형 그리기

 회색 선을 따라 그리기 연습을 해보세요.

 연습한 것을 잘 생각하며 아래 빈칸에 다시 한 번 그려보거나 응용해서 그려보세요.

사각형 그리기

✏️ 회색 선을 따라 그리기 연습을 해보세요.

✏️ 연습한 것을 잘 생각하며 아래 빈칸에 **다시 한 번** 그려보거나 **응용해서** 그려보세요.

완성된 그림에 색을 칠해 그림에 개성을 부여해보세요.

다각형 그리기

 회색 선을 따라 그리기 연습을 해보세요.

 연습한 것을 잘 생각하며 아래 빈칸에 다시 한 번 그려보거나 응용해서 그려보세요.

완성된 그림에 색을 칠해 그림에 개성을 부여해보세요.

원 그리기

 회색 선을 따라 그리기 연습을 해보세요.

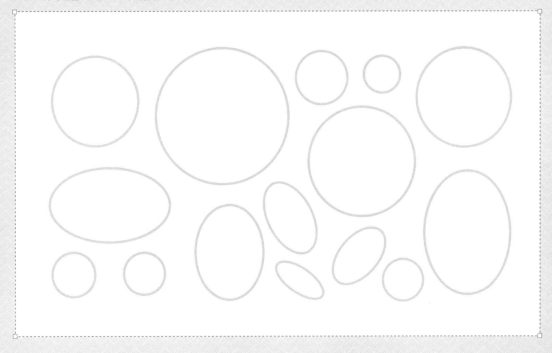

 연습한 것을 잘 생각하며 아래 빈칸에 다시 한 번 그려보거나 응용해서 그려보세요.

완성된 그림에 색을 칠해 그림에 개성을 부여해보세요.

Chapter **4**

교실에서 자주 사용되는

자연 그리기

다양한 자연물을 그림으로 표현해보세요.
그림 속에 나만의 개성을 표현할 수 있다면
더욱 멋진 그림이 됩니다.

핵심 속성을 찾아 자연 그리기

자연물을 도형으로 그릴 땐 습관적인 표현 방법에서 벗어나는 것이 좋습니다. 길죽한 기둥에 둥글둥글한 잎이 그려진 일반적인 나무는 조금 식상하지 않나요? 세모, 네모, 동그라미 등을 자유롭게 조합해서 그리면 개성 있는 나무를 완성할 수 있습니다.

이렇게 다양한 형태로 그리더라도 그것을 나무로 이해하는 이유는 나무가 가지는 핵심적인 속성을 그려주었기 때문입니다. 동그라미에 점 3개를 역삼각형 형태로 찍어놓으면 점을 눈과 입으로 보고 사람 얼굴이라고 이해합니다. 나무도 그 핵심 속성을 단순화한 몇 개의 선과 도형으로 표현하면 나무라고 이해합니다. 나무의 핵심 속성은 세로로 뻗은 나무 기둥과 가지, 무성한 잎입니다. 자연물의 핵심 속성을 표현할 때 자신의 개성을 담을 수 있다면 더 멋진 그림이 될 것입니다.

도형으로 표현된 자연물 그림을 따라 그리며 핵심 속성이 무엇인지 생각해보고 다양한 선과 도형을 조합해서 개성 있는 자연물을 그려보세요.

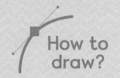

자연 그리기

풀 그리기

 Tip 1 풀의 핵심 형태는 세로선입니다. 따라서 하나의 직선이나 세로로 길죽한 삼각형을 이용해 풀을 표현할 수 있습니다.

 Tip 2 다양한 세로선을 가진 도형을 조합하면 여러 가지 풀이 있는 들판을 그릴 수 있습니다.

나무 그리기

 Tip 1 나무의 핵심 형태는 세로 기둥과 가지, 덩어리로 뭉친 잎입니다. 겨울엔 잎이 떨어지기 때문에 줄기와 가지만 그려서 나무를 나타낼 수도 있습니다.

 Tip 2 기둥, 가지, 잎 각각의 요소를 자연에 실재하는 그대로 표현할 필요는 없습니다. 형태를 단순화해서 변형하면 더욱 개성 있는 나무를 그릴 수 있습니다.

● 직접 또는 사진을 통해 대상을 자세히 관찰합니다.

● 대상의 형태 중 대상으로 인식하게 하는 핵심 형태를 찾아봅니다.

● 핵심 형태를 도형화해서 나타내고 상징을 추가하여 대상을 구체화합니다.

산 그리기

산의 핵심 형태는 위로 갈수록 좁아지는 도형입니다. 대표적인 도형이 삼각형이지요. 삼각형은 실제 산의 모습과도 흡사해서 보편적으로 사용되는 형태입니다.

반원도 위로 갈수록 좁아지기 때문에 산을 표현하는 도형으로 활용할 수 있습니다.

꼭대기의 눈과 같은 장식적인 상징으로 대상을 구체화할 수 있습니다.

하늘 그리기

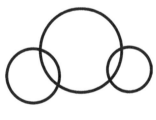

구름의 핵심 형태는 가로선과 덩어리입니다. 실제 구름은 형태가 다양합니다. 하지만 덩어리감이 있고 대기의 층으로 인해 가로로 길죽한 형태를 가진다는 특성이 있습니다.

기하학적인 도형을 중첩하여 눈에 보이지 않는 바람도 형태를 나타낼 수 있습니다.

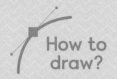
자연 그리기

물 그리기

물의 핵심 형태는 출렁이는 물결을 표현하는 반복되는 곡선입니다. 반복되는 곡선은 여러 개 겹쳐 표현할 수도 있고 하나로 길게 표현할 수도 있습니다. 물결 표시로 면을 채우는 패턴처럼 군데군데 끊어서 표현할 수도 있습니다.

땅에 사는 동물 그리기

땅에 사는 동물의 핵심 형태는 크게 머리와 몸통의 도형입니다. 각 동물마다 머리와 몸통을 표현하는 도형이 달라지며 그 형태에 따라 동물의 캐릭터가 정해집니다.

핵심 형태인 머리와 몸통의 도형이 비슷한 동물의 경우에는 머리와 몸통에 붙어 있는 뿔이나 귀, 다리나 꼬리 등 특징적인 상징들로 대상의 캐릭터를 구체화합니다.

- 직접 또는 사진을 통해 대상을 자세히 관찰합니다.
- 대상의 형태 중 대상으로 인식하게 하는 핵심 형태를 찾아봅니다.
- 핵심 형태를 도형화해서 나타내고 상징을 추가하여 대상을 구체화합니다.

하늘에 사는 동물 그리기

 하늘에 사는 동물의 핵심 형태는 머리, 몸통, 날개의 도형입니다. 다리 대신 날개를 그려 주는 것만으로 하늘을 나는 동물을 표현할 수 있습니다. 각 부위의 형태를 어떻게 표현 하는지에 따라 대상의 캐릭터가 달라집니다.

 부리, 꼬리 등 특징적인 상징을 추가하여 대상을 구체화합니다.

물에 사는 동물 그리기

 물에 사는 동물의 핵심 형태는 몸통과 지느 러미 또는 다리(갑각류)의 도형입니다. 대상 의 몸통 모양을 잘 관찰하여 도형화하면 원 하는 대상을 쉽게 표현할 수 있습니다.

 물에 사는 동물은 몸통과 머리가 붙어 구분 되지 않는 경우가 많아 눈의 위치를 잘 살펴 서 표현해야 합니다.

풀 그리기

✏️ 회색 선을 따라 그리기 연습을 해보세요.

먼저 큰 형태부터 그리고 세부적인 형태를 그리면 좋습니다.

✏️ 연습한 것을 잘 생각하며 아래 빈칸에 다시 한 번 그려보거나 응용해서 그려보세요.

완성된 그림에 색을 칠해 그림에 개성을 부여해보세요.

나무 그리기

 회색 선을 따라 그리기 연습을 해보세요.

먼저 큰 형태부터 그리고 세부적인 형태를 그리면 좋습니다.

 연습한 것을 잘 생각하며 아래 빈칸에 다시 한 번 그려보거나 응용해서 그려보세요.

완성된 그림에 색을 칠해 그림에 개성을 부여해보세요.

산 그리기

 회색 선을 따라 그리기 연습을 해보세요.

먼저 큰 형태부터 그리고 세부적인 형태를 그리면 좋습니다.

 연습한 것을 잘 생각하며 아래 빈칸에 다시 한 번 그려보거나 응용해서 그려보세요.

완성된 그림에 색을 칠해 그림에 개성을 부여해보세요.

하늘 그리기

 회색 선을 따라 그리기 연습을 해보세요.

먼저 큰 형태부터 그리고 세부적인 형태를 그리면 좋습니다.

 연습한 것을 잘 생각하며 아래 빈칸에 다시 한 번 그려보거나 응용해서 그려보세요.

완성된 그림에 색을 칠해 그림에 개성을 부여해보세요.

물 그리기

 회색 선을 따라 그리기 연습을 해보세요.

먼저 큰 형태부터 그리고 세부적인 차례를 그리면 좋습니다.

 연습한 것을 잘 생각하며 아래 빈칸에 다시 한 번 그려보거나 응용해서 그려보세요.

완성된 그림에 색을 칠해 그림에 개성을 부여해보세요.

땅에 사는 동물 그리기

 회색 선을 따라 그리기 연습을 해보세요.

먼저 큰 형태부터 그리고 세부적인 형태를 그리면 좋습니다.

 연습한 것을 잘 생각하며 아래 빈칸에 다시 한 번 그려보거나 응용해서 그려보세요.

완성된 그림에 색을 칠해 그림에 개성을 부여해보세요.

하늘에 사는 동물 그리기

 회색 선을 따라 그리기 연습을 해보세요.

 연습한 것을 잘 생각하며 아래 빈칸에 다시 한 번 그려보거나 응용해서 그려보세요.

물에 사는 동물 그리기

 회색 선을 따라 그리기 연습을 해보세요.

먼저 큰 형태부터 그리고 세부적인 형태를 그리면 좋습니다.

 연습한 것을 잘 생각하며 아래 빈칸에 다시 한 번 그려보거나 응용해서 그려보세요.

완성된 그림에 색을 칠해 그림에 개성을 부여해보세요.

Chapter 5

교실에서 자주 사용하는
사물 그리기

다양한 사물을 그림으로 표현해보세요.
그림 속에 나만의 개성을 표현할 수 있다면
더욱 멋진 그림이 됩니다.

기본 도형을 찾아 사물 그리기

사물은 인간이 인위적으로 만든 것입니다. 그래서 사각형을 기본으로 하는 경우가 많습니다. 하지만 각 사물마다 형태가 조금씩 다르기 때문에 사물별 기본 도형을 찾아내야 합니다. 화분은 사다리꼴, 아파트는 직사각형, 시계는 원 등 각 사물의 형태를 이루는 기본 도형을 찾아보세요. 그리고 그 기본 도형을 조금씩 수정, 변형해서 사물의 특징을 나타냅니다.

사물이 복잡한 형태를 가지는 경우가 있습니다. 책상 다리나 의자 다리, 색소폰 버튼, 자전거 프레임 등 가늘고 복잡한 형태들은 생략하거나 최대한 단순화해 그리는 것이 좋습니다. 만약 복잡한 형태를 가진 부분이 대상을 그리는 데 반드시 표현해야 할 핵심 속성이라면 가장 단순한 형태인 선을 활용합니다. 복잡한 부분을 면으로 표현하려면 모두 그리기도 힘들 뿐 아니라 중첩된 부분들까지 신경 쓰며 그려야 하기 때문에 어려움이 많습니다. 그러므로 선을 활용하면 대상의 핵심 속성을 좁은 공간에 나타내기 쉽고, 중첩된 부분을 표현해야 하는 부담도 줄어듭니다.

사물 그리기

집 그리기

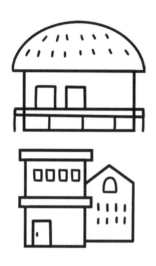

집의 핵심 형태는 직사각형의 벽면과 다양한 형태의 지붕입니다. 네모난 형태를 기본으로 지붕 모양을 변화시켜 다양한 집을 완성할 수 있습니다.

창문이나 문 등의 장식적인 요소를 이용해 집을 꾸며 개성을 부여할 수 있습니다.

건축물 그리기

건축물들은 특징적인 기본 형태를 가지고 있습니다. 보통은 네모난 벽면이나 기둥들을 가지고 있어 직사각형이나 직각삼각형을 이용하는 경우가 많습니다.

건축물을 상징적으로 나타낼 수 있는 장식적인 요소를 잘 파악해야 합니다. 평범한 주택과 건축물이 분명히 구별되도록 해주는 것이 핵심입니다.

- 직접 또는 사진을 통해 대상을 자세히 관찰합니다.
- 대상의 형태 중 대상으로 인식하게 하는 핵심 형태를 찾아봅니다.
- 핵심 형태를 도형화해서 나타내고 상징을 추가하여 대상을 구체화합니다.

자동차 그리기

 자동차의 핵심 형태는 두 바퀴와 창문입니다. 자동차의 몸체는 직사각형뿐 아니라 반원, 삼각형 등 다양한 도형을 이용해 그릴 수 있습니다. 어떤 도형이든 두 바퀴와 창문만 그려 넣는다면 자동차로 인식될 수 있습니다.

자전거, 오토바이 그리기

 자전거의 핵심 형태는 2개의 큰 바퀴와 몸체가 되는 프레임입니다. 자전거 프레임은 다양하나 일반적으로 평행사변형 형태에 대각선의 직선을 하나 더 그려 표현합니다.

 오토바이는 자전거와 다르게 몸체가 큰 덩어리입니다. 오토바이의 모양에 따라 몸체를 도형화해서 표현합니다.

사물 그리기

 Tip 1
기차의 핵심 형태는 반복해서 나열된 직사각형입니다. 거기에 아래쪽으로 살짝 보이는 바퀴와 옆면의 창문과 출입문을 그려 구체화합니다.

 Tip 2
배의 핵심 형태는 윗면이 평평하고 아래로 갈수록 줄어드는 몸체의 형태입니다. 그 위에 돛이나 선실, 굴뚝을 그려 배의 형태를 구체화합니다.

 Tip 1
비행기의 핵심 형태는 가로로 긴 몸체와 이와 수직으로 놓이는 날개입니다. 비행기의 형태에 따라 날개의 모양을 다르게 하여 형태를 구체화합니다.

 Tip 2
우주선의 핵심 형태는 앞이 뾰족하고 둥근 몸체와 추진력을 얻는 불꽃입니다. 날개는 비행기와 다르게 몸체의 꼬리 쪽에 위치하며 짧습니다.

- 직접 또는 사진을 통해 대상을 자세히 관찰합니다.
- 대상의 형태 중 대상으로 인식하게 하는 핵심 형태를 찾아봅니다.
- 핵심 형태를 도형화해서 나타내고 상징을 추가하여 대상을 구체화합니다.

학용품 그리기

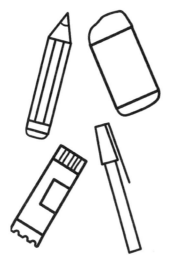

 학용품은 그 형태가 매우 다양합니다. 따라서 공통된 핵심 형태를 정하기 어렵습니다. 하지만 많은 학용품들이 원기둥이나 세로로 긴 직사각형 형태를 가지기 때문에, 이를 기본으로 변형하거나 다른 도형들과 조합하여 그리면 됩니다.

교실 물품 그리기

 교실의 물건들 중 가장 대표적인 것은 책상과 의자입니다. 책상과 의자를 구체적으로 그리려면 어렵습니다. 책상과 의자를 관찰하여 긴 기둥과 같은 형태를 직선으로 그리면 복잡한 형태를 단순화할 수 있습니다.

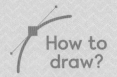
사물 그리기

가전제품 그리기

가전제품들은 직사각 형태를 가지는 것이 많습니다. 직사각형 속에 버튼이나 표시등, 손잡이 등을 그려 형태를 구체화합니다.

소품 그리기

대부분의 소품은 여러 가지 도형이 합쳐진 형태이기 때문에 공통된 핵심 형태를 정하기 어렵습니다. 그리고자 하는 소품을 잘 관찰한 후 큰 형태에 따라 기본 도형을 정해 그립니다. 그리고 장식 요소들을 선과 작은 도형을 이용해 그려서 소품을 구체화합니다.

- 직접 또는 사진을 통해 대상을 자세히 관찰합니다.
- 대상의 형태 중 대상으로 인식하게 하는 핵심 형태를 찾아봅니다.
- 핵심 형태를 도형화해서 나타내고 상징을 추가하여 대상을 구체화합니다.

음식 그리기

음식은 그림으로 그릴 때 형태가 비슷해 대상을 구체화하기 어려운 경우가 종종 있습니다. 이럴 땐 그 음식을 가장 잘 표현할 수 있는 형태와 각도를 찾아내는 것이 좋습니다. 수박을 반으로 잘라 속을 보이게 한다거나 초콜릿이 올려진 도넛의 모양이나 식빵의 모양을 더 분명하게 드러나도록 측면에서 바라본 형태로 표현하는 것입니다.

악기 그리기

악기는 형태가 복잡한 경우가 많습니다. 특히 줄이나 구멍 등이 많아 이를 전부 표현하려고 하면 선과 선이 겹쳐져 형태를 알아볼 수 없거나 지저분해집니다. 따라서 큰 형태를 중심으로 그리고 생략할 부분은 과감히 생략하고 복잡한 부분은 점이나 선으로 단순화해 그리는 것이 좋습니다.

집 그리기

 회색 선을 따라 그리기 연습을 해보세요.

 연습한 것을 잘 생각하며 아래 빈칸에 다시 한 번 그려보거나 응용해서 그려보세요.

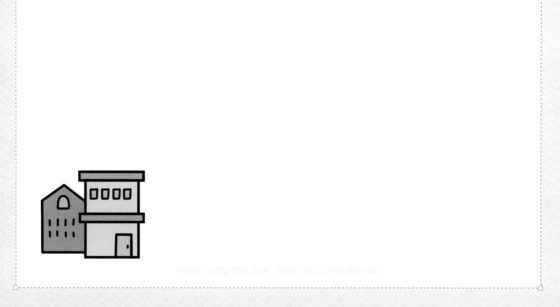

건축물 그리기

 회색 선을 따라 그리기 연습을 해보세요.

먼저 큰 형태부터 그리고 세부적인 형태를 그리면 좋습니다.

 연습한 것을 잘 생각하며 아래 빈칸에 **다시 한 번** 그려보거나 **응용**해서 그려보세요.

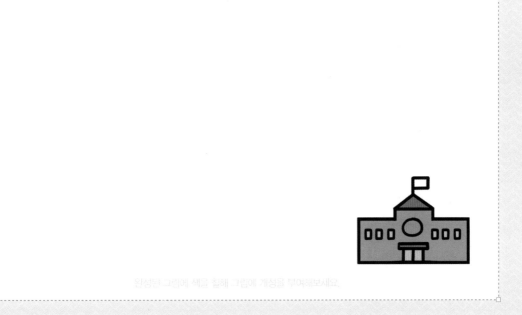

완성된 그림에 색을 칠해 그림에 개성을 넣어해보세요.

자동차 그리기

 회색 선을 따라 그리기 연습을 해보세요.

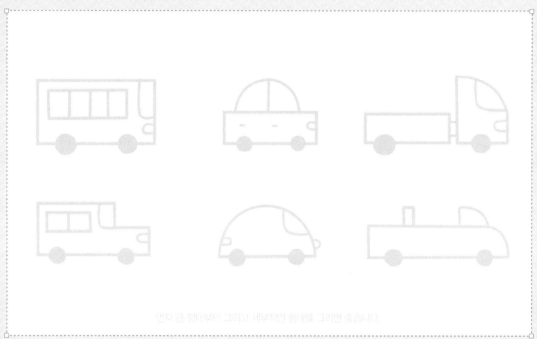

먼저 큰 형태부터 그리고 세부적인 형태를 그리면 좋습니다.

 연습한 것을 잘 생각하며 아래 빈칸에 다시 한 번 그려보거나 응용해서 그려보세요.

완성된 그림에 색을 칠해 그림에 개성을 부여해보세요.

자전거, 오토바이 그리기

 회색 선을 따라 그리기 연습을 해보세요.

먼저 큰 형태부터 그리고 세부적인 형태를 그리면 좋습니다.

 연습한 것을 잘 생각하며 아래 빈칸에 다시 한 번 그려보거나 응용해서 그려보세요.

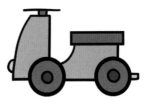

완성한 그림에 색을 칠해 그림에 개성을 부여해보세요.

기차, 배 그리기

 회색 선을 따라 그리기 연습을 해보세요.

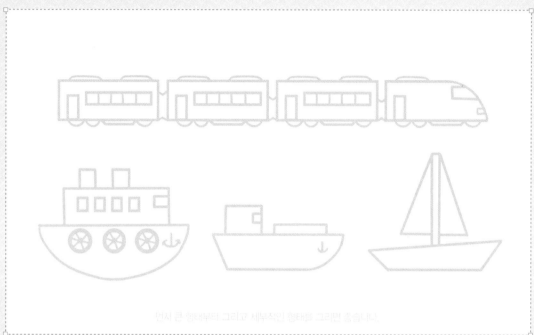

먼저 큰 형태부터 그리고 세부적인 형태를 그리면 좋습니다.

 연습한 것을 잘 생각하며 아래 빈칸에 다시 한 번 그려보거나 응용해서 그려보세요.

완성된 그림에 색을 칠해 그림에 개성을 부여해보세요.

비행기, 우주선 그리기

 회색 선을 따라 그리기 연습을 해보세요.

먼저 큰 형태부터 그리고 세부적인 형태를 그리면 좋습니다

 연습한 것을 잘 생각하며 아래 빈칸에 다시 한 번 그려보거나 응용해서 그려보세요.

완성된 그림에 색을 칠해 그림에 개성을 부여해보세요.

학용품 그리기

 회색 선을 따라 그리기 연습을 해보세요.

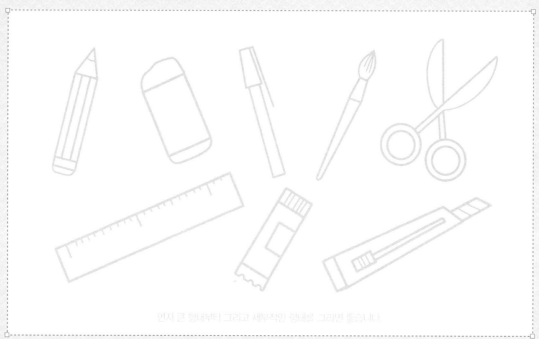

먼저 큰 형태부터 그리고 세부적인 형태를 그리면 좋습니다.

 연습한 것을 잘 생각하며 아래 빈칸에 다시 한 번 그려보거나 응용해서 그려보세요.

완성된 그림에 색을 칠해 그림에 개성을 부여해보세요.

교실 물품 그리기

✏️ 회색 선을 따라 그리기 연습을 해보세요.

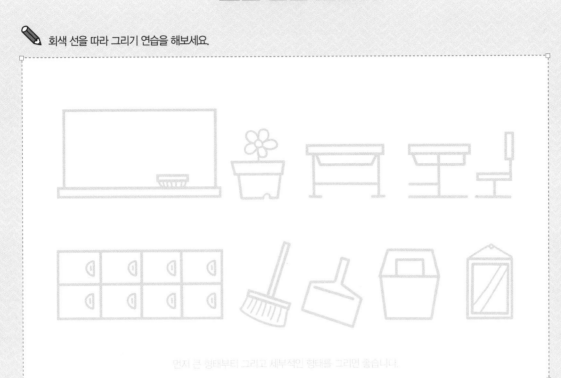

먼저 큰 형태부터 그리고 세부적인 형태를 그리면 좋습니다.

✏️ 연습한 것을 잘 생각하며 아래 빈칸에 다시 한 번 그려보거나 응용해서 그려보세요.

완성된 그림에 색을 칠해 그림에 개성을 부여해보세요.

가전제품 그리기

 회색 선을 따라 그리기 연습을 해보세요.

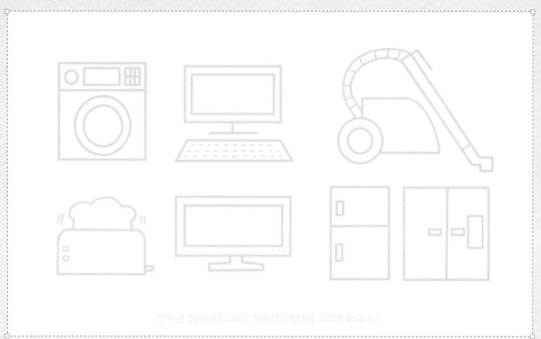

먼저 큰 형태부터 그리고 세부적인 형태를 그리면 좋습니다.

 연습한 것을 잘 생각하며 아래 빈칸에 다시 한 번 그려보거나 응용해서 그려보세요.

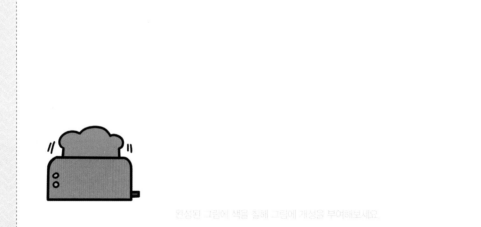

완성된 그림에 색을 칠해 그림에 개성을 부여해보세요

소품 그리기

 회색 선을 따라 그리기 연습을 해보세요.

먼저 큰 형태부터 그리고 세부적인 형태를 그리면 좋습니다.

 연습한 것을 잘 생각하며 아래 빈칸에 **다시 한 번** 그려보거나 응용해서 그려보세요.

완성된 그림에 색을 칠해 그림에 개성을 부여해보세요.

음식 그리기

 회색 선을 따라 그리기 연습을 해보세요.

먼저 큰 형태부터 그리고 세부적인 형태를 그리면 좋습니다.

 연습한 것을 잘 생각하며 아래 빈칸에 다시 한 번 그려보거나 응용해서 그려보세요.

완성된 그림에 색을 칠해 그림에 개성을 부여해보세요.

악기 그리기

 회색 선을 따라 그리기 연습을 해보세요.

먼저 큰 형태부터 그리고 세부적인 형태를 그리면 좋습니다.

 연습한 것을 잘 생각하며 아래 빈칸에 **다시 한 번** 그려보거나 **응용**해서 그려보세요.

완성된 그림에 색을 칠해 그림에 개성을 부여해보세요.

Chapter 6

인물 그리기의 기초를 알아보자
인물 그리기

가장 많이 그리면서도 쉽지 않은 것이 바로 인물입니다.
인물은 고민해서 표현해야 하는 부분이 많습니다.
차근차근 배우면서 인물 그리기에도 자신감을 가져보세요!

첫걸음은 인물의 기본 형태 그리기

생각을 이미지로 표현할 때 가장 많이 그리는 이미지는 인물입니다. 그리고 가장 그리기 어려운 이미지도 인물입니다. 인물은 사물과 다르게 신체의 여러 부분이 움직이므로 그 배치도 결정해야 하고, 성별이나 나이, 감정 등도 보여줘야 합니다. 그렇기 때문에 고민해서 표현할 부분들이 많습니다. 하지만 너무 걱정하지 않아도 됩니다.

　인물의 기본 형태 그리기부터 각 신체 부분의 표현법을 차근차근 익혀나가면 어렵지 않게 개성 있는 다양한 인물들을 그릴 수 있을 것입니다.

인물 그리기

얼굴 그리기

 얼굴의 기본형은 정면 얼굴입니다. 먼저 원을 그리고 중앙에 가로, 세로 보조선을 그어줍니다. 그리고 가로선 아래쪽에 눈동자가 매달리도록 두 눈을 그립니다. 눈의 위치가 결정되면 눈과 턱 중앙에 입 모양을 그리고 눈썹을 그립니다. 마지막으로 머리 모양을 그리면 얼굴이 완성됩니다.

 얼굴을 왼쪽이나 오른쪽으로 돌리면 세로선의 위치가 위 그림처럼 옮겨집니다. 이때 세로선을 기준으로 왼쪽과 오른쪽 면적이 달라집니다. 얼굴의 입체감과 방향을 잘 나타내기 위해서는 세로선 뒤쪽에 있는 눈은 선에 가깝게, 세로선 앞쪽에 있는 눈은 선에서 멀리 그려야 합니다.

- 펜의 두께를 고려하여 눈, 코, 입이 여유 있게 그려질 수 있는 크기의 원을 그립니다.
- 눈, 코, 입으로 얼굴을 가득 채우지 않습니다. 여백을 생각하며 그립니다.
- 처음에는 연필로 가상의 보조선을 연하게 그려서 연습해도 좋습니다.

 얼굴을 위쪽이나 아래쪽으로 움직이면 가로선의 위치가 옆 그림처럼 옮겨집니다. 이때 가로선을 기준으로 위쪽과 아래쪽 면적이 달라집니다. 얼굴의 입체감과 방향을 잘 나타내기 위해서는 눈을 기준으로 눈썹과 입을 좁은 간격으로 그려야 합니다.

다양한 감정 그리기

 얼굴에서 감정을 나타내는 요소는 눈, 입, 눈썹의 모양입니다. 이 3가지 요소 중 1가지만 바꿔도 다른 감정을 나타내는 표정이 됩니다. 특히 눈과 입 모양은 특별한 감정을 과장해서 나타내는 변형된 형태들이 많습니다. 이러한 형태들도 함께 알아두면 재미난 감정들을 쉽게 표현할 수 있습니다.

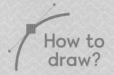
인물 그리기

헤어스타일 표현하기

 도형으로 단순화한 그림에서 남자아이와 여자아이의 구분은 헤어스타일로 간단히 할 수 있습니다. 남자아이는 짧은 앞머리만 그리면 되고, 여자아이는 남자아이 헤어스타일에 양 갈래, 단발, 포니테일 등 여자 헤어스타일 형태를 추가하면 됩니다.

사실 헤어스타일은 남녀 구분이 확실하지 않습니다. 하지만 이미지 정보는 대상의 특징을 보편적인 관념으로 표현해야 하므로 남녀의 헤어스타일을 구분하는 것입니다.

- 다양한 인물 사진을 참고하여 헤어스타일을 그려보면 좋습니다.
- 원뿐만 아니라 사각형 등 다양한 도형을 이용해 얼굴 형태를 그릴 수 있습니다.

나이에 따른 얼굴 표현하기

 아이와 어른을 구분해야 할 때가 있습니다. 어른의 모습을 그리기 위해서는 코를 길게 그리고 눈의 위치를 가로선 위쪽에 그리고 눈과 입의 간격을 아이보다 더 크게 벌려 그립니다. 또한 어른 얼굴은 아이 얼굴보다 더 각이 졌기 때문에 원이 아닌 사각형을 이용해 표현할 수 있습니다. 마지막으로 어른 얼굴의 특징인 수염, 주름 등의 상징을 이용하면 다양한 연령을 표현할 수 있습니다.

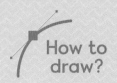

인물 그리기

인물 전신 그리기

 인물 전신을 그리는 방법은 다양하겠지만 좀더 쉽게 인체를 그리고 동작을 표현할 수 있도록 4단계의 과정을 제안합니다. 이 순서는 절대적인 것은 아니며 경우에 따라 순서가 바뀔 수도 있습니다.

 인물의 동작을 그릴 때는 표현하고자 하는 동작을 가장 잘 드러내는 방향으로 그리는 것이 쉽고 정확하게 그리는 방법입니다. 달리는 동작을 예로 들면 정면보다는 앞뒤로 흔들리는 팔다리를 잘 표현할 수 있는 측면이 더 좋습니다.

- 몸통은 원뿐만 아니라 사각형, 사다리꼴 등 다른 도형으로도 그릴 수 있습니다.
- 실제 포즈를 취해 얼굴과 몸통의 기울기, 위치 등을 살펴보고 그리면 좋습니다.

❶ 얼굴과 몸통 그리기

→ 기본 형태는 눈사람을 뒤집은 모양입니다. 위의 큰 원은 머리가 되고 아래의 작은 원은 몸통이 됩니다.

→ 기본 형태를 기울이면 머리의 위치를 조정할 수 있습니다. 다음으로 몸통에 상체와 하체를 구분하는 가로선을 그어 몸통의 기울기를 정해줍니다.

❷ 얼굴의 방향을 정하고 표정 그리기

→ 머리와 몸의 위치와 각도를 정했다면 이번에는 얼굴의 방향을 정합니다. 표현하고자 하는 표정과 동작을 생각하며 가상의 가로선과 세로선을 기준으로 눈의 위치를 먼저 잡고 눈썹과 입을 그려 완성합니다.

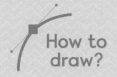
인물 그리기

❸ 손과 발의 위치 잡고 그리기

→ 손과 발을 그리기 위해서는 우선 표현하고자 하는 동작을 직접 취하고 관찰해 손과 발의 위치를 잡습니다.

→ 정해진 위치에 손은 원으로, 발은 기본적으로는 반원, 뒷꿈치를 들었을 땐 부채꼴 모양으로 그려줍니다. 손과 발이 정확하게 위치를 잡았다면 팔다리 선을 연결하지 않더라도 표현하고자 하는 동작처럼 보일 것입니다.

❹ 팔다리 선 그리기

→ 손과 발을 그렸다면 다음으로는 몸통과 손발을 연결하는 팔다리 선을 그려야 합니다.

→ 팔다리 선을 그리기 위해서는 팔다리 선이 시작되는 어깨와 골반의 위치를 잡는 것이 중요합니다. 일반적으로 바로 서 있을 때 어깨와 골반은 몸통의 옆선 위에 위치하지만 손과 발이 앞이나 뒤로 나아가는 경우에는 어깨와 골반이 손과 발의 진행 방향과 같은 방향으로 움직입니다. 걷는 동작에서 살펴보면 앞으로 나간 손과 발의 어깨와 골반은 몸통의 옆선보다 앞쪽에 위치하게 그려야 합니다.

- 손이나 발의 중첩, 팔다리 선과 몸통의 중첩을 고려하며 그립니다.
- 실제 포즈를 취해 손, 발의 위치를 살펴보고 그리면 좋습니다.

다양한 각도의 인물 전신 표현하기

 서 있는 모습을 다양한 각도로 그릴 땐 손과 발의 위치와 중첩에 신경 써서 그립니다. 앞에 놓인 손과 발을 먼저 그리고 뒤에 있는 손과 발을 나중에 그리면 좋습니다.

 완전한 정면 또는 측면이 아닌 경우는 인물 정면의 세로 보조선과 그와 90도 각을 이루는 옆선을 생각하며 팔과 다리의 시작점인 어깨와 골반의 위치를 잡아야 합니다. 그리고 팔다리를 그려 몸통의 방향을 표현합니다.

얼굴 그리기

 회색 선을 따라 그리기 연습을 해보세요.

먼저 큰 형태부터 그리고 세부적인 형태를 그리면 좋습니다.

 연습한 것을 잘 생각하며 아래 빈칸에 다시 한 번 그려보거나 응용해서 그려보세요.

완성된 그림에 색을 칠해 그림에 개성을 부여해보세요.

다양한 감정 그리기

 회색 선을 따라 그리기 연습을 해보세요.

먼저 큰 형태부터 그리고 세부적인 형태를 그리면 좋습니다.

 연습한 것을 잘 생각하며 아래 빈칸에 다시 한 번 그려보거나 응용해서 그려보세요.

완성된 그림에 색을 칠해 그림에 개성을 부여해보세요.

헤어스타일 표현하기

 회색 선을 따라 그리기 연습을 해보세요.

먼저 큰 형태부터 그리고 세부적인 형태를 그리면 좋습니다.

 연습한 것을 잘 생각하며 아래 빈칸에 다시 한 번 그려보거나 응용해서 그려보세요.

완성된 그림에 색을 칠해 그림에 개성을 부여해보세요.

나이에 따른 얼굴 표현하기

 회색 선을 따라 그리기 연습을 해보세요.

먼저 큰 형태부터 그리고 세부적인 형태를 그리면 좋습니다.

 연습한 것을 잘 생각하며 아래 빈칸에 **다시 한 번** 그려보거나 **응용해서** 그려보세요.

완성된 그림에 색을 칠해 그림에 개성을 부여해보세요.

인물 전신 그리기

 회색 선을 따라 그리기 연습을 해보세요.

먼저 큰 형태부터 그리고 세부적인 형태를 그리면 좋습니다.

 연습한 것을 잘 생각하며 아래 빈칸에 **다시 한 번** 그려보거나 **응용해서** 그려보세요.

완성된 그림에 색을 칠해 그림에 개성을 부여해보세요.

다양한 각도의 인물 전신 표현하기

 회색 선을 따라 그리기 연습을 해보세요.

먼저 큰 형태부터 그리고 세부적인 형태를 그리면 좋습니다.

 연습한 것을 잘 생각하며 아래 빈칸에 **다시 한 번** 그려보거나 **응용**해서 그려보세요.

완성된 그림에 색을 칠해 그림에 개성을 부여해보세요.

7 Chapter

자주 사용되는 동작을 미리 익혀두자!

다양한 동작 그리기

인물은 동작을 그리는 것이 가장 어렵습니다.
인물의 동작에 대해 알아보고
자주 사용되는 동작을 활동지를 통해 따라 그려보세요.

생동감 있는 인물을 만드는 동작 그리기

인물의 동작 표현은 인물 그리기 중 가장 어렵게 느끼는 부분입니다. 그나마 가장 쉽게 그릴 수 있는 것이 차렷 자세입니다. 하지만 차렷 자세는 생동감도 없고 상황을 잘 표현해주지 못해서 쓰일 데가 많지 않습니다.

다양한 동작을 쉽게 그리려면 어떻게 해야 할까요? 마술 같은 방법은 없습니다. 하지만 자주 사용되는 동작을 몇 개만 익혀둬도 응용해서 다양한 동작을 그릴 수 있습니다. 그럼 다양한 동작 그리기를 익히기 전에 앞에서 살펴본 인물 그리기의 기초를 잠시 정리해보겠습니다.

인물을 그릴 때 첫 번째로 해야 하는 것이 얼굴과 몸통의 방향을 결정하는 것입니다. 바로 선 경우라면 얼굴과 몸통이 수직으로 세워진 형태겠지만 달리는 경우라면 얼굴이 몸통보다 앞으로 나오고 몸통 또한 앞으로 기울어진 형태가 됩니다. 동작에 따라 얼굴과 몸통의 위치와 각도가 조금씩 다르기 때문에 그리고자 하는 동작을 직접 해보고 얼굴과 몸통의 위치를 살펴보는 것이 좋습니다.

두 번째는 얼굴에 표정을 그리는 것입니다. 동작에 따라 어울리는 표정이 있습니다. 걸을 때보다 뛸 때 몸에 힘이 더 들어가기 때문에 얼굴도 더 힘쓰는 표정이 되어야 합니다. 그리고 같은 달리기 동작이라도 표정이 편안하면 가벼운 조깅이 되고, 인상 쓰는 표정이면 전력 질주가 됩니다.

세 번째는 손과 발의 위치를 잡고 그리는 것입니다. 손과 발의 위치만 정확히 잡아 그려도 어느 정도 인물의 동작을 상상할 수 있습니다. 손과 발은 팔다리의 목적지입니다. 목적지를 먼저 정해두면 팔다리는 자연스럽게 연결만 하면 되기 때문에 쉽게 동작을 표현할 수 있습니다.

마지막으로 몸통과 손발을 연결하는 팔다리를 그립니다. 이때 중요한 것은 몸통에서 팔다리의 시작점을 정하는 것입니다. 팔다리의 시작점을 정할 땐 몸통의 상체와 하체를 구분 짓고 몸통의 중심선 또는 옆선의 좌우 위치를 살펴야 합니다. 달리기할 때 앞으로 뻗은 팔은 어깨가 몸통 앞으로 나가 있기 때문에 상체 옆선보다 앞에 팔의 시작점을 정합니다. 그리고 같은 쪽 다리는 골반이 뒤로 뻗어 있기 때문에 하체 옆선보다 뒤에 다리의 시작점을 정합니다. 이렇게 상체와 하체를 구분하여 팔다리의 시작점을 정해서 연결하면 어색하지 않은 동작을 쉽게 그릴 수 있습니다.

다양한 동작 그리기

걷는 동작 그리기

1 눈사람을 뒤집은 모양의 기본 형태를 그립니다. 그리고 몸통의 상체와 하체를 나누는 허리 선을 걷는 동작에 맞게 그립니다. 걸어갈 땐 몸통이 바로 서 있기 때문에 바로 선 형태로 허리선을 그립니다.

2 걷는 동작에 맞는 각도의 얼굴을 그립니다. 걷는 모습을 잘 나타낼 수 있는 몸의 방향은 옆모습이기 때문에 얼굴도 옆모습으로 그립니다.

3 손과 발의 위치를 잡아서 그립니다. 위치를 잘 모를 땐 직접 포즈를 취해보면 쉽게 위치를 잡을 수 있습니다. 걷는 동작에서는 양팔을 몸통의 앞뒤로 배치하고 발은 하나는 땅을 딛고 하나는 공중에 뜬 채 앞으로 뻗어 있는 형태로 그립니다.

4 손과 발에 팔과 다리 선을 연결합니다. 걸을 때 앞으로 뻗은 손의 어깨가 앞으로 나갑니다. 따라서 상체 옆선의 앞 부분에서 팔이 시작되도록 그립니다. 그리고 앞으로 뻗은 팔이 있는 쪽 다리는 뒤로 나아갑니다. 따라서 하체 옆선의 뒤쪽에서 다리가 시작되도록 그립니다.

- 실제 포즈를 취해 얼굴과 몸통의 기울기, 손과 발의 위치를 살펴보고 그리면 좋습니다.
- 사물, 사람과의 상호작용에 의해 변하는 몸통의 기울기 등에 주의하며 그립니다.
- 다양한 동작을 그리는 연습을 하다 보면 다음에는 쉽게 원하는 동작을 그릴 수 있습니다.

달리는 동작 그리기

① 달리는 동작은 몸통이 앞으로 기울어지고 얼굴은 몸통보다 앞으로 나오게 그립니다. 그리고 몸통의 상체와 하체를 나눠주는 허리선을 기울어진 몸통에 맞게 그립니다.

② 달리는 동작에 맞게 시선과 표정을 정해 얼굴을 표현합니다. 달리는 모습을 표현할 때는 옆모습으로 그리는 것이 좋습니다.

③ 달리는 손과 발의 위치를 잡아서 그립니다. 위치를 잘 모를 땐 직접 포즈를 취해보면 쉽게 위치를 잡을 수 있습니다. 달리는 동작이라면 양팔이 몸통에서 많이 떨어져 있고 양발 모두 공중에 떠 있는 모습으로 그립니다.

④ 손과 발에 팔과 다리 선을 연결합니다. 달릴 때 팔과 다리는 꺾인 선으로 그립니다. 걷는 것과 마찬가지로 앞으로 뻗은 손의 어깨가 앞으로 나갑니다. 따라서 상체 옆선의 앞 부분에서 팔이 시작되도록 그립니다. 그리고 앞으로 뻗은 팔이 있는 쪽의 다리는 뒤로 나아갑니다. 따라서 하체 옆선의 뒤쪽에서 다리가 시작되도록 그립니다.

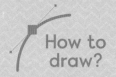

다양한 동작 그리기

앉아 있는 동작 그리기

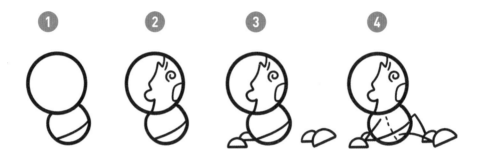

① 눈사람을 뒤집은 기본 형태를 그립니다. 그리고 몸통의 상체와 하체를 나눠주는 허리선을 동작에 맞게 그립니다. 앉아 있는 동작에 따라 몸의 기울기를 표현합니다.

② 인물이 무슨 일로 앉아 있는지 생각하며 알맞은 얼굴 표정을 그립니다.

③ 손과 발의 위치를 잡아서 그립니다. 앉아서 뒤로 기댄 모습을 그린다면 손은 등 뒤 바닥 쪽에 그립니다. 손이 바닥에 눌리기 때문에 원이 아니라 반원으로 그립니다. 다리는 한쪽 다리를 세운 모양을 나타내기 위해 하나는 몸통 가까이, 다른 하나는 몸통에서 멀리 위치하게 그립니다.

④ 손과 발에 팔과 다리 선을 연결합니다. 팔이 뒤로 뻗어 있기 때문에 팔 선은 옆선의 뒷쪽에서 시작하여 그립니다. 몸에서 먼 발의 다리는 길게 뻗고 몸에 가까운 발의 다리는 꺾이도록 그립니다.

- 실제 포즈를 취해 얼굴과 몸통의 기울기, 손과 발의 위치를 살펴보고 그리면 좋습니다.
- 사물, 사람과의 상호작용에 의해 변하는 몸통의 기울기 등에 주의하며 그립니다.
- 다양한 동작을 그리는 연습을 하다 보면 다음에는 쉽게 원하는 동작을 그릴 수 있습니다.

누워 있는 동작 그리기

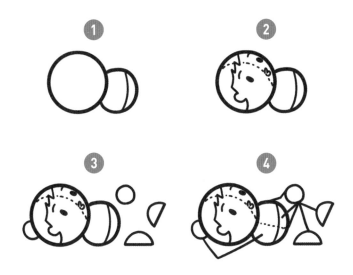

① 기본 형태를 바닥에 2개의 구슬이 놓인 것처럼 그립니다.

② 바라보는 시선에 따라 얼굴 각도와 표정을 정하고 얼굴을 완성합니다.

③ 손과 발이 놓이는 모양을 상상하며 위치를 잡아봅니다. 발은 발등과 발바닥의 방향을 생각하며 그립니다.

④ 팔과 다리는 어깨와 골반의 위치를 생각하여 그립니다. 보통 힘이 들어가는 팔과 다리 쪽의 어깨와 골반이 손과 발의 진행 방향으로 움직이는 경우가 많습니다.

다양한 동작 그리기

점프하는 동작 그리기

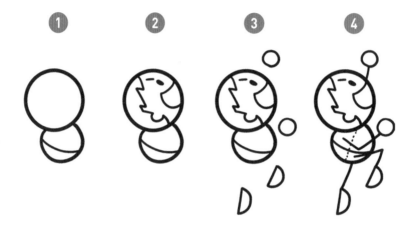

1 점프하는 동작은 보통 얼굴의 방향이 몸이 나아가는 위쪽으로 향합니다. 고개가 들리면 얼굴은 몸통의 옆선에서 조금 뒤쪽에 위치합니다.

2 점프할 때의 감정에 알맞은 시선과 표정을 그립니다.

3 손과 발이 놓이는 모양을 상상하거나 포즈를 취해서 위치를 잡아봅니다. 발은 발등과 발바닥의 방향을 생각하며 그립니다.

4 위로 뻗은 손과 위로 들린 다리의 위치를 생각하며 팔, 다리 선을 몸통에 연결합니다. 일반적으로 위로 뻗은 손의 반대편 다리가 위로 들리게 됩니다.

- 실제 포즈를 취해 얼굴과 몸통의 기울기, 손과 발의 위치를 살펴보고 그리면 좋습니다.
- 사물, 사람과의 상호작용에 의해 변하는 몸통의 기울기 등에 주의하며 그립니다.
- 다양한 동작을 그리는 연습을 하다 보면 다음에는 쉽게 원하는 동작을 그릴 수 있습니다.

떨어지는 동작 그리기

① 떨어지는 동작은 누워 있는 형태에서 얼굴이 몸통보다 위로 올라옵니다. 몸통은 하체가 상체보다 위로 올라오도록 허리선을 그립니다.

② 바라보는 시선에 따라 얼굴 각도를 정하고 감정에 알맞은 표정을 그려 얼굴을 완성합니다.

③ 손과 발이 놓이는 모양을 상상하며 위치를 잡아봅니다. 발은 발등과 발바닥의 방향을 생각하며 그립니다.

④ 떨어지는 동작은 팔다리에 힘이 들어가는 경우가 없어 옆선을 기준으로 어느 지점에 연결해도 어색하지 않습니다. 다만 떨어질 때 무언가를 잡으려고 팔에 힘을 주어 뻗는 경우에는 어깨가 손의 진행 방향대로 앞에 위치합니다.

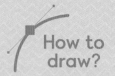
다양한 동작 그리기

감정 표현 동작 그리기 - 긍정

 다양한 감정을 표현하는 동작을 그릴 땐 감정을 대표하는 동작들을 먼저 떠올려봅니다. 그리고 각 감정을 잘 나타낼 수 있는 동작 중 표현하기 쉬운 동작을 선택합니다.

 감정을 표현하는 얼굴 표정을 그릴 때는 몸의 기울기와 방향을 고려합니다.

 직접 동작을 해보면서 손과 발의 위치를 잡고 그립니다. 팔다리 선을 연결하지 않아도 표현하려고 하는 동작이 상상이 된다면 손과 발의 위치를 잘 잡은 것입니다. 만약 원래 의도했던 동작이 떠오르지 않는다면 손과 발의 위치를 다시 잡아줍니다.

 긍정적인 감정을 표현할 수 있는 기호들을 이용하여 감정을 더욱 실감나게 표현합니다.

- 실제 포즈를 취해 얼굴과 몸통의 기울기, 손과 발의 위치를 살펴보고 그리면 좋습니다.
- 사물, 사람과의 상호작용에 의해 변하는 몸통의 기울기 등에 주의하며 그립니다.
- 다양한 동작을 그리는 연습을 하다 보면 다음에는 쉽게 원하는 동작을 그릴 수 있습니다.

감정 표현 동작 그리기 - 부정

 다양한 감정을 표현하는 동작을 그릴 땐 감정을 대표하는 동작들을 먼저 떠올려봅니다. 그리고 각 감정을 잘 나타낼 수 있는 동작 중 표현하기 쉬운 동작을 선택합니다.

 감정을 표현하는 얼굴 표정을 그릴 때는 몸의 기울기와 방향을 고려합니다.

 직접 동작을 해보면서 손과 발의 위치를 잡고 그립니다. 팔다리 선을 연결하지 않아도 표현하려고 하는 동작이 상상이 된다면 손과 발의 위치를 잘 잡은 것입니다. 만약 원래 의도했던 동작이 떠오르지 않는다면 손과 발의 위치를 다시 잡아줍니다.

 부정적인 감정을 표현할 수 있는 기호들을 이용하여 감정을 더욱 실감나게 표현합니다.

113

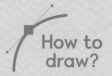

다양한 동작 그리기

사물과 상호작용하는 동작 그리기

 사물과 상호작용하는 동작을 그릴 땐 사물과 얼굴, 몸통의 위치를 정확하게 잡는 것이 중요합니다. 이를 위해서는 상황에 맞게 사물과 인물을 그리는 순서를 적절하게 바꿔 그리는 것이 좋습니다.

 매달리는 동작이나 미는 동작, 역도를 드는 동작 등은 인물 동작을 먼저 그린 후 사물을 추가합니다. 그래야 사물의 위치를 잘못 잡아 팔이 지나치게 길어지거나 사물과 얼굴, 몸통의 위치가 어색해져서 현실감 없는 모습이 되는 것을 예방할 수 있습니다.

 벽을 넘는 동작은 인물이 벽 뒤에 위치하기 때문에 앞에 놓인 벽을 먼저 그리는 것이 좋고, 넘어질 듯한 물건을 든 동작은 물건의 상태(기울어진 정도)가 주가 되기 때문에 사물을 먼저 그리는 것이 좋습니다.

114

- 실제 포즈를 취해 얼굴과 몸통의 기울기, 손과 발의 위치를 살펴보고 그리면 좋습니다.
- 사물, 사람과의 상호작용에 의해 변하는 몸통의 기울기 등에 주의하며 그립니다.
- 다양한 동작을 그리는 연습을 하다 보면 다음에는 쉽게 원하는 동작을 그릴 수 있습니다.

사람과 상호작용하는 동작 그리기

 인물 간 상호작용을 표현할 때 가장 중요한 것은 인물들의 몸과 얼굴의 위치, 방향, 간격입니다. 이는 인물 간의 심리적 거리감을 표현하며 서로 간의 동작을 자연스럽게 만들어줍니다.

 상호작용하는 손이나 발을 먼저 그려서 상호작용하는 느낌이 나는지 확인해봅니다. 동작이 자연스러워 보이면 보조가 되는 팔다리 선을 그려 완성합니다.

 두 인물을 그릴 때 인물의 얼굴과 몸통이 겹치는 동작들이 있습니다. 이런 경우는 먼저 연필로 연하게 두 인물의 기본 형태를 그리고, 펜으로 그릴 땐 앞에 있는 부분만 그려서 중첩을 표현합니다.

걷는 동작 그리기

 회색 선을 따라 그리기 연습을 해보세요.

먼저 큰 형태부터 그리고 세부적인 형태를 그리면 좋습니다.

 연습한 것을 잘 생각하며 아래 빈칸에 다시 한 번 그려보거나 응용해서 그려보세요.

완성된 그림에 색을 칠해 그림에 개성을 부여해보세요.

달리는 동작 그리기

 회색 선을 따라 그리기 연습을 해보세요.

먼저 큰 형태부터 그리고 세부적인 형태를 그리면 좋습니다.

 연습한 것을 잘 생각하며 아래 빈칸에 다시 한 번 그려보거나 응용해서 그려보세요.

완성된 그림에 색을 칠해 그림에 개성을 부여해보세요.

앉아 있는 동작 그리기

 회색 선을 따라 그리기 연습을 해보세요.

먼저 큰 형태부터 그리고 세부적인 형태를 그리면 좋습니다.

 연습한 것을 잘 생각하며 아래 빈칸에 다시 한 번 그려보거나 응용해서 그려보세요.

완성된 그림에 색을 칠해 그림에 개성을 부여해보세요.

누워 있는 동작 그리기

 회색 선을 따라 그리기 연습을 해보세요.

먼저 큰 형태부터 그리고 세부적인 형태를 그리면 좋습니다.

 연습한 것을 잘 생각하며 아래 빈칸에 다시 한 번 그려보거나 응용해서 그려보세요.

완성된 그림에 색을 칠해 그림에 개성을 부여해보세요.

점프하는 동작 그리기

 회색 선을 따라 그리기 연습을 해보세요.

먼저 큰 형태부터 그리고 세부적인 형태를 그리면 좋습니다.

 연습한 것을 잘 생각하며 아래 빈칸에 **다시 한 번** 그려보거나 **응용**해서 그려보세요.

완성된 그림에 색을 칠해 그림에 개성을 부여해보세요.

떨어지는 동작 그리기

 회색 선을 따라 그리기 연습을 해보세요.

먼저 큰 형태부터 그리고 세부적인 형태를 그리면 좋습니다.

 연습한 것을 잘 생각하며 아래 빈칸에 다시 한 번 그려보거나 응용해서 그려보세요.

완성된 그림에 색을 칠해 그림에 개성을 부여해보세요.

감정 표현 동작 그리기 – 긍정

 회색 선을 따라 그리기 연습을 해보세요.

먼저 큰 형태부터 그리고 세부적인 형태를 그리면 좋습니다.

 연습한 것을 잘 생각하며 아래 빈칸에 **다시 한 번** 그려보거나 응용해서 그려보세요.

완성된 그림에 색을 칠해 그림에 개성을 부여해보세요.

122

감정 표현 동작 그리기 - 부정

 회색 선을 따라 그리기 연습을 해보세요.

먼저 큰 형태부터 그리고 세부적인 형태를 그리면 좋습니다.

 연습한 것을 잘 생각하며 아래 빈칸에 다시 한 번 그려보거나 응용해서 그려보세요.

완성된 그림에 색을 칠해 그림에 개성을 부여해보세요.

123

사물과 상호작용하는 동작 그리기

 회색 선을 따라 그리기 연습을 해보세요.

먼저 큰 형태부터 그리고 세부적인 형태를 그리면 좋습니다.

 연습한 것을 잘 생각하며 아래 빈칸에 다시 한 번 그려보거나 응용해서 그려보세요.

완성된 그림에 색을 칠해 그림에 개성을 부여해보세요.

사람과 상호작용하는 동작 그리기

 회색 선을 따라 그리기 연습을 해보세요.

먼저 큰 형태부터 그리고 세부적인 형태를 그리면 좋습니다.

 연습한 것을 잘 생각하며 아래 빈칸에 다시 한 번 그려보거나 응용해서 그려보세요.

완성된 그림에 색을 칠해 그림에 개성을 부여해보세요.

직업을 손쉽게 표현하자!

인물에 캐릭터 부여하기

역사적 인물이나 특정한 직업의 인물을 그릴 때
어떻게 표현할지 막막하죠? 캐릭터를 부여하는 방법으로
쉽게 특별한 인물을 만들어보세요.

인물에 캐릭터를 부여하는 4가지 방법

인물의 캐릭터를 만드는 방법에는 헤어스타일로 캐릭터 부여하기, 의상으로 캐릭터 부여하기, 액세서리나 소품으로 캐릭터 부여하기, 배경으로 캐릭터 부여하기 등 총 4가지 방법이 있습니다. 이것은 캐릭터를 부여하는 방법의 순서가 아닙니다. 상황에 따라 4가지 방법 중 하나만 사용하기도 하고 4가지 방법 모두 사용하기도 합니다. 예를 들어 헤어스타일, 의상, 배경 없이도 상징적인 간단한 소품 하나로 캐릭터를 부여하는 것입니다. 그리고자 하는 캐릭터를 가장 간단하고 편하게 나타낼 수 있는 방법을 생각해보고 최소한의 노력으로 그림을 그리는 연습을 해야 합니다.

앞서 말했지만, 도형으로 그림 그리기는 미술 시간에 하는 데생 연습이 아닙니다. 생각을 구조화하고 단순화해 표현하는 비주얼 씽킹의 하나입니다. 도형으로 그림 그리기를 할 땐 항상 효율성을 생각하며 그리는 연습을 해야 합니다

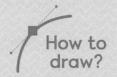

인물 캐릭터 부여하기

헤어스타일로 캐릭터 부여하기

Tip 1 기본 형태에서 인물에 캐릭터를 부여하는 방법은 헤어스타일을 바꿔주는 것입니다. 사람의 인상을 결정짓는 가장 큰 요인이 헤어스타일인데요. 똑같은 얼굴에 헤어스타일만 바꿔도 전혀 다른 성격, 성별의 캐릭터를 만들 수 있습니다.

Tip 2 머리 모양은 크게 앞머리, 옆머리, 뒷머리 이렇게 3부분으로 나눌 수 있습니다. 앞머리는 캐릭터의 개성을 가장 잘 드러내는 부분으로 가장 신경 쓰고 차별화해야 하는 부분입니다. 옆머리는 귀 앞쪽 머리로 남성의 경우는 비슷한 형태인 경우가 많으며 여성의 경우에는 머리의 길이에 따라 달라집니다. 마지막으로 뒷머리는 얼굴 뒤, 목 뒤로 보이는 머리로 주로 여성의 개성을 잘 드러내는 부분입니다.

● 사진을 참고하여 의상이나 액세서리를 다양하게 그려보는 연습을 하는 것이 좋습니다.
● 캐릭터의 크기에 따라 표현할 수 있는 의상이나 액세서리 표현에 차이가 납니다. 캐릭터가 작으면
  구체적 표현이 어렵고 캐릭터가 크면 구체적으로 표현할 수 있습니다.

의상으로 캐릭터 부여하기

 인물에 캐릭터를 부여하는 또 다른 방법은 의상(복장)으로 표현하는 방법입니다. 의상은 캐릭터의 직업이나 성향, 성별 등을 나타냅니다. 특히 다양한 직업군의 캐릭터를 표현할 때 유니폼을 그리면 쉽게 캐릭터를 완성할 수 있습니다.

 의상을 그릴 때 치마처럼 기본 몸통보다 의상이 큰 경우에는 어떻게 해야 할까요? 그때는 두 번째 교복을 입은 그림처럼 기본 몸통을 그린 후 그 위에 몸통의 하체 부분보다 크게 치마를 그려주면 됩니다. 그러다 형태 잡기에 자신이 생기면 기본 몸통을 그리지 않고 바로 의상을 그릴 수 있습니다.

인물 캐릭터 부여하기

액세서리. 소품으로 캐릭터 부여하기

 인물에 캐릭터를 부여하는 다음 방법은 모자나 마스크 등 액세서리, 소품을 이용하여 표현하는 방법입니다. 헤어스타일이나 복장으로는 인물의 캐릭터를 표현하기 힘든 경우가 있습니다. 그러면 캐릭터에 맞는 액세서리를 착용시키거나 관련된 소품을 손에 들게 하면 캐릭터를 완성할 수 있습니다.

 액세서리, 소품은 그 캐릭터를 떠올릴 수 있는 상징적인 물건들로 선택해야 합니다. 화가의 경우는 붓과 팔레트, 청소부는 마스크와 빗자루, 건설업자는 드라이버와 줄자, 안전모 등이겠지요. 인물이 일할 때 가장 많이 사용하는 물건을 소품으로 활용하면 좋습니다.

- 사진을 참고하여 의상이나 액세서리를 다양하게 그려보는 연습을 하는 것이 좋습니다.
- 캐릭터의 크기에 따라 표현할 수 있는 의상이나 액세서리 표현에 차이가 납니다. 캐릭터가 작으면 구체적 표현이 어렵고 캐릭터가 크면 구체적으로 표현할 수 있습니다.

배경으로 캐릭터 부여하기

 인물에 캐릭터를 부여하는 마지막 방법은 캐릭터와 관련된 배경을 그리는 것입니다. 캐릭터를 나타낼 수 있는 적당한 헤어스타일, 의상, 액세서리나 소품이 생각나지 않거나 이것만으로는 캐릭터를 잘 표현하기 어렵다면 인물 뒤로 캐릭터를 떠올릴 수 있는 간단한 배경을 그립니다. 배경은 인물의 위치를 알려줌으로써 캐릭터의 정체를 더욱 명확하게 알 수 있도록 도와줍니다.

 위 그림의 인물은 같은 의상과 소품을 가지고 있습니다. 하지만 이것만으로는 선생님과 회사원을 구분할 수 없습니다. 이 둘을 구별하게 하는 것은 옷차림도 아니고 들고 있는 소품도 아닙니다. 이를 가장 잘 구별해주는 것은 공간입니다. 선생님은 교실 칠판 앞에, 회사원은 사무실 발표 차트 앞에 있음을 표현해 구별할 수 있습니다.

헤어스타일로 캐릭터 부여하기

 회색 선을 따라 그리기 연습을 해보세요.

먼저 큰 형태부터 그리고 세부적인 형태를 그리면 좋습니다

 연습한 것을 잘 생각하며 아래 빈칸에 다시 한 번 그려보거나 응용해서 그려보세요.

완성된 그림에 색을 칠해 그림에 개성을 부여해보세요.

의상으로 캐릭터 부여하기

 회색 선을 따라 그리기 연습을 해보세요.

먼저 큰 형태부터 그리고 세부적인 형태를 그리면 좋습니다.

 연습한 것을 잘 생각하며 아래 빈칸에 다시 한 번 그려보거나 응용해서 그려보세요.

완성된 그림에 색을 칠해 그림에 개성을 부여해보세요.

액세서리, 소품으로 캐릭터 부여하기

 회색 선을 따라 그리기 연습을 해보세요.

먼저 큰 형태부터 그리고 세부적인 형태를 그리면 좋습니다.

 연습한 것을 잘 생각하며 아래 빈칸에 **다시 한 번** 그려보거나 **응용해서** 그려보세요.

완성된 그림에 색을 칠해 그림에 개성을 부여해보세요.

배경으로 캐릭터 부여하기

 회색 선을 따라 그리기 연습을 해보세요.

먼저 큰 형태부터 그리고 세부적인 형태를 그리면 좋습니다.

 연습한 것을 잘 생각하며 아래 빈칸에 다시 한 번 그려보거나 응용해서 그려보세요.

완성된 그림에 색을 칠해 그림에 개성을 부여해보세요.

3

PART

수업에서 활용 가능한
교과 주제별
그림 그리기

Chapter

그림으로 흥미로운 과학 수업을!

과학 수업을 위한 그림

과학 교과는 정보를 기호화하여 사용하기 좋은 교과입니다.
학습할 내용을 그림으로 기호화하는 과정을 연습하여
정보 정리와 전달을 효율적으로 해보세요.

그림 활용이 용이한 과학 교과

과학 교과는 다른 교과에 비해 그림을 많이 활용합니다. 교과서에도 실제로는 복잡한 형태의 실험 도구들을 간단한 선과 도형으로 단순하게 나타내는 경우가 많이 있습니다. 또 자연물은 있는 그대로 그리기가 어려워서 이를 상징화하고 단순화하여 나타내는 경우가 많습니다.

그림으로 표현하기 어려울 땐 글자로

과학 교과의 내용 중에는 그림으로 표현하기 어려운 것도 있습니다. 예를 들어 다양한 암석의 종류를 표현할 때 그림만으로는 그 종류를 구분하기 어려울 것입니다. 따라서 모든 것을 그림 으로만 나타내려 하지 말고 그림과 글자를 잘 섞어 내용을 간추리는 것이 효과적입니다.

이미지 창작의 밑거름은 '연습'

이미지 창작은 반복 훈련을 통해 보다 쉽게 이루어질 수 있습니다. 한 번도 그려보지 않은 대 상을 관찰 없이 상상만으로 그려내기란 매우 어렵습니다. 아주 간단한 대상이라도 이미지로 표현해보는 경험이 중요합니다. 그러면 필요할 때 대상을 관찰하지 않아도 그림을 그렸던 경 험을 바탕으로 쉽게 그릴 수 있습니다.

앞으로 연습할 과학 교과 도형 그림들은 이미지 창작의 기본 밑거름이 되어 이후 과학 수 업에 많은 도움이 될 것입니다. 따라 그리는 연습과 함께 자신만의 표현 방식으로 새롭게 응 용하는 연습까지 한다면 그림 창작의 범위를 넓혀나갈 수 있습니다.

실험 도구 (1)

 회색 선을 따라 그리기 연습을 해보세요.

먼저 큰 형태부터 그리고 세부적인 형태를 그리면 좋습니다.

 연습한 것을 잘 생각하며 아래 빈칸에 다시 한 번 그려보거나 응용해서 그려보세요.

완성된 그림에 색을 칠해 그림에 개성을 부여해보세요.

실험 도구 (2)

 회색 선을 따라 그리기 연습을 해보세요.

 연습한 것을 잘 생각하며 아래 빈칸에 다시 한 번 그려보거나 응용해서 그려보세요.

실험 도구 (3)

 회색 선을 따라 그리기 연습을 해보세요.

먼저 큰 형태부터 그리고 세부적인 형태를 그리면 좋습니다.

 연습한 것을 잘 생각하며 아래 빈칸에 다시 한 번 그려보거나 응용해서 그려보세요.

완성된 그림에 색을 칠해 그림에 개성을 부여해보세요.

실험 도구 (4)

 회색 선을 따라 그리기 연습을 해보세요.

먼저 큰 형태부터 그리고 세부적인 형태를 그리면 좋습니다.

 연습한 것을 잘 생각하며 아래 빈칸에 **다시 한 번** 그려보거나 **응용해서** 그려보세요.

완성된 그림에 색을 칠해 그림에 개성을 부여해보세요.

곤충 및 작은 동물 (1)

 회색 선을 따라 그리기 연습을 해보세요.

 연습한 것을 잘 생각하며 아래 빈칸에 **다시 한 번** 그려보거나 응용해서 그려보세요.

곤충 및 작은 동물 (2)

 회색 선을 따라 그리기 연습을 해보세요.

먼저 큰 형태부터 그리고 세부적인 형태를 그리면 좋습니다.

 연습한 것을 잘 생각하며 아래 빈칸에 다시 한 번 그려보거나 응용해서 그려보세요.

완성한 그림에 색을 칠해 그림에 개성을 부여해보세요.

동물 (1)

 회색 선을 따라 그리기 연습을 해보세요.

먼저 큰 형태부터 그리고 세부적인 형태를 그리면 좋습니다.

 연습한 것을 잘 생각하며 아래 빈칸에 다시 한 번 그려보거나 응용해서 그려보세요.

완성된 그림에 색을 칠해 그림에 개성을 부여해보세요.

동물 (2)

 회색 선을 따라 그리기 연습을 해보세요.

먼저 큰 형태부터 그리고 세부적인 형태를 그리면 좋습니다.

 연습한 것을 잘 생각하며 아래 빈칸에 다시 한 번 그려보거나 응용해서 그려보세요.

완성된 그림에 색을 칠해 그림에 개성을 부여해보세요.

자연 (1)

 회색 선을 따라 그리기 연습을 해보세요.

먼저 큰 형태부터 그리고 세부적인 형태를 그리면 좋습니다.

 연습한 것을 잘 생각하며 아래 빈칸에 다시 한 번 그려보거나 응용해서 그려보세요.

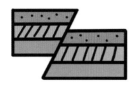

완성된 그림에 색을 칠해 그림에 개성을 부여해보세요.

자연 (2)

 회색 선을 따라 그리기 연습을 해보세요.

먼저 큰 형태부터 그리고 세부적인 형태를 그리면 좋습니다.

 연습한 것을 잘 생각하며 아래 빈칸에 다시 한 번 그려보거나 응용해서 그려보세요.

완성된 그림에 색을 칠해 그림에 개성을 부여해보세요.

2
Chapter

그림으로 재밌는 사회 수업을!
사회 수업을 위한 그림

글로만 사회 교과를 배운다면? 상상하기조차 싫은 지루함을
그림으로 바꿔보세요. 그림과 함께 재미있는 이야기를 들려주면
아이들이 몰입하는 시간을 만들 수 있습니다.

그림 활용이 효과적인 사회 교과

사진이나 그림이 광범위하게 활용되는 사회 교과는 이미지 활용의 효과가 매우 큰 교과입니다. 일반사회부터 지리, 역사에 이르기까지 모든 영역에서 이미지가 빠질 수 없습니다. 교과서를 보더라도 사진과 이미지 자료가 많은 편입니다. 하지만 교과서의 이미지만으로는 학습 내용을 설명하기 부족할 때가 있습니다. 이때 선생님이 직접 칠판에 그림을 그려 설명한다면 더욱 흥미롭고 이해하기 쉬운 수업을 만들 수 있지 않을까요?

일반사회의 그림 활용

일반사회는 우리의 일상 전반에 관한 것입니다. 이 모든 것을 미리 다 연습할 수는 없습니다. 하지만 교과서에 나오는 정보를 이미지로 그려보는 연습을 한다면 이를 바탕으로 우리 사회에서 일어나는 많은 일들을 간단한 이미지로 표현할 수 있습니다. 뒤에 제시한 주제별 도형 그림들은 절대적인 정답이 아니며 사회 교과에 필요한 모든 이미지들을 모아둔 것도 아닙니다. 하지만 이를 연습하여 응용력을 키우면 선생님과 아이들이 자신만의 스타일을 만드는 데 밑거름이 될 것입니다.

역사의 그림 활용

역사 영역에는 오늘날에는 없는 낯선 형태의 사물이나 인물들이 많이 등장합니다. 따라서 연습 없이 바로 그리려고 하면 어떻게 그려야 할지 막막해지기 마련입니다. 따라서 가능한 한 미리 많이 그려보는 것이 좋습니다. 이 책에 역사 영역의 모든 내용을 이미지로 제시하지는 못했지만, 이를 응용하여 다양한 역사적 사건을 이미지로 표현하는 연습을 해볼 수 있습니다.

역사적 인물의 경우 의복이 많은 비중을 차지합니다. 그런데 의복을 자세히 표현하려다 보면 인물의 기본 형태인 둥그런 몸통이 방해가 될 때도 있습니다. 그럴 땐 몸통을 둥그렇게 원형으로 표현하지 않아도 됩니다. 무엇보다 중요한 것은 표현하고자 하는 정보가 잘 드러나도록 세부 표현과 생략을 적절히 조절하는 것입니다.

자연재해, 사계절

 회색 선을 따라 그리기 연습을 해보세요.

먼저 큰 형태부터 그리고 세부적인 형태를 그리면 좋습니다.

 연습한 것을 잘 생각하며 아래 빈칸에 다시 한 번 그려보거나 응용해서 그려보세요.

완성된 그림에 색을 칠해 그림에 개성을 부여해보세요.

교류

 회색 선을 따라 그리기 연습을 해보세요.

먼저 큰 형태부터 그리고 세부적인 형태를 그리면 좋습니다.

 연습한 것을 잘 생각하며 아래 빈칸에 다시 한 번 그려보거나 응용해서 그려보세요.

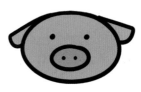

완성된 그림에 색을 칠해 그림에 개성을 부여해보세요.

옛날의 이동과 의사소통

 회색 선을 따라 그리기 연습을 해보세요.

먼저 큰 형태부터 그리고 세부적인 형태를 그리면 좋습니다.

 연습한 것을 잘 생각하며 아래 빈칸에 다시 한 번 그려보거나 응용해서 그려보세요.

완성된 그림에 색을 칠해 그림에 개성을 부여해보세요.

오늘날의 이동과 의사소통

 회색 선을 따라 그리기 연습을 해보세요.

먼저 큰 형태부터 그리고 세부적인 형태를 그리면 좋습니다.

 연습한 것을 잘 생각하며 아래 빈칸에 다시 한 번 그려보거나 응용해서 그려보세요.

완성된 그림에 색을 칠해 그림에 개성을 부여해보세요.

농촌, 어촌, 산촌의 모습

 회색 선을 따라 그리기 연습을 해보세요.

먼저 큰 형태부터 그리고 세부적인 형태를 그리면 좋습니다.

 연습한 것을 잘 생각하며 아래 빈칸에 다시 한 번 그려보거나 응용해서 그려보세요.

완성된 그림에 색을 칠해 그림에 개성을 부여해보세요.

도시의 모습과 도시 문제

 회색 선을 따라 그리기 연습을 해보세요.

먼저 큰 형태부터 그리고 세부적인 형태를 그리면 좋습니다.

 연습한 것을 잘 생각하며 아래 빈칸에 다시 한 번 그려보거나 응용해서 그려보세요.

완성된 그림에 색을 칠해 그림에 개성을 부여해보세요.

옛날의 의식주와 놀이

 회색 선을 따라 그리기 연습을 해보세요.

먼저 큰 형태부터 그리고 세부적인 형태를 그리면 좋습니다.

 연습한 것을 잘 생각하며 아래 빈칸에 다시 한 번 그려보거나 응용해서 그려보세요.

완성된 그림에 색을 칠해 그림에 개성을 부여해보세요.

오늘날의 의식주와 놀이

 회색 선을 따라 그리기 연습을 해보세요.

먼저 큰 형태부터 그리고 세부적인 형태를 그리면 좋습니다.

 연습한 것을 잘 생각하며 아래 빈칸에 **다시 한 번** 그려보거나 **응용**해서 그려보세요.

완성된 그림에 색을 칠해 그림에 개성을 부여해보세요.

159

민주주의

 회색 선을 따라 그리기 연습을 해보세요.

먼저 큰 형태부터 그리고 세부적인 형태를 그리면 좋습니다.

 연습한 것을 잘 생각하며 아래 빈칸에 다시 한 번 그려보거나 응용해서 그려보세요.

160

선거, 투표

 회색 선을 따라 그리기 연습을 해보세요.

 연습한 것을 잘 생각하며 아래 빈칸에 다시 한 번 그려보거나 응용해서 그려보세요.

의회, 시청, 도청

 회색 선을 따라 그리기 연습을 해보세요.

먼저 큰 형태부터 그리고 세부적인 형태를 그리면 좋습니다.

 연습한 것을 잘 생각하며 아래 빈칸에 다시 한 번 그려보거나 응용해서 그려보세요.

완성된 그림에 색을 칠해 그림에 개성을 부여해보세요.

차별, 권리

 회색 선을 따라 그리기 연습을 해보세요.

먼저 큰 형태부터 그리고 세부적인 형태를 그리면 좋습니다.

 연습한 것을 잘 생각하며 아래 빈칸에 다시 한 번 그려보거나 응용해서 그려보세요.

완성된 그림에 색을 칠해 그림에 개성을 부여해보세요.

환경개발과 산업발달

 회색 선을 따라 그리기 연습을 해보세요.

먼저 큰 형태부터 그리고 세부적인 형태를 그리면 좋습니다.

 연습한 것을 잘 생각하며 아래 빈칸에 다시 한 번 그려보거나 응용해서 그려보세요.

완성된 그림에 색을 칠해 그림에 개성을 부여해보세요.

164

세계의 다양한 문화

 회색 선을 따라 그리기 연습을 해보세요.

| 한국 | 사우디아라비아 | 이누이트 | 케냐 | 중국 |

| 멕시코 | 일본 | 스웨덴 | 인도 | 영국 |

먼저 큰 형태부터 그리고 세부적인 형태를 그리면 좋습니다.

 연습한 것을 잘 생각하며 아래 빈칸에 다시 한 번 그려보거나 응용해서 그려보세요.

완성된 그림에 색을 칠해 그림에 개성을 부여해보세요.

선사시대, 고조선 캐릭터

 회색 선을 따라 그리기 연습을 해보세요.

고조선 평민　　고조선 귀족　　고조선 관리　　고조선 대족장

먼저 큰 형태부터 그리고 세부적인 형태를 그리면 좋습니다.

 연습한 것을 잘 생각하며 아래 빈칸에 다시 한 번 그려보거나 응용해서 그려보세요.

완성된 그림에 색을 칠해 그림에 개성을 부여해보세요.

삼국시대 캐릭터

✏️ 회색 선을 따라 그리기 연습을 해보세요.

고구려 평민 여성	고구려 평민 남성	백제 왕	백제 평민	신라 화랑
신라 관리	신라 귀족	삼국 평민	삼국 평민	승려

먼저 큰 형태부터 그리고 세부적인 형태를 그리면 좋습니다.

✏️ 연습한 것을 잘 생각하며 아래 빈칸에 다시 한 번 그려보거나 응용해서 그려보세요.

완성된 그림에 색을 칠해 그림에 개성을 부여해보세요.

장수와 오랑캐 캐릭터

 회색 선을 따라 그리기 연습을 해보세요.

| 고구려 장수 | 백제 장수 | 신라 장수 | 가야 장수 | 고려 장수 |

| 거란족 | 여진족 | 송나라 | 몽고족 | 왜 |

먼저 큰 형태부터 그리고 세부적인 형태를 그리면 좋습니다.

 연습한 것을 잘 생각하며 아래 빈칸에 다시 한 번 그려보거나 응용해서 그려보세요.

완성된 그림에 색을 칠해 그림에 개성을 부여해보세요.

168

조선시대 캐릭터

 회색 선을 따라 그리기 연습을 해보세요.

| 유학자 | 선비 | 평민 남자 | 평민 여자 | 평민 아이 |

| 관리 | 임금 | 장수 | 궁녀 | 왕비 |

먼저 큰 형태부터 그리고 세부적인 형태를 그리면 좋습니다.

 연습한 것을 잘 생각하며 아래 빈칸에 다시 한 번 그려보거나 응용해서 그려보세요.

완성된 그림에 색을 칠해 그림에 개성을 부여해보세요.

역사 소품과 건축 (1)

 회색 선을 따라 그리기 연습을 해보세요.

먼저 큰 형태부터 그리고 세부적인 형태를 그리면 좋습니다.

 연습한 것을 잘 생각하며 아래 빈칸에 다시 한 번 그려보거나 응용해서 그려보세요.

완성된 그림에 색을 칠해 그림에 개성을 부여해보세요.

170

역사 소품과 건축 (2)

 회색 선을 따라 그리기 연습을 해보세요.

먼저 큰 형태부터 그리고 세부적인 형태를 그리면 좋습니다.

연습한 것을 잘 생각하며 아래 빈칸에 다시 한 번 그려보거나 응용해서 그려보세요.

완성된 그림에 색을 칠해 그림에 개성을 부여해보세요.

역사 소품과 건축 (3)

 회색 선을 따라 그리기 연습을 해보세요.

먼저 큰 형태부터 그리고 세부적인 형태를 그리면 좋습니다.

 연습한 것을 잘 생각하며 아래 빈칸에 다시 한 번 그려보거나 응용해서 그려보세요.

완성된 그림에 색을 칠해 그림에 개성을 불어넣어보세요.

172

역사 소품과 건축 (4)

 회색 선을 따라 그리기 연습을 해보세요.

먼저 큰 형태부터 그리고 세부적인 형태를 그리면 좋습니다.

연습한 것을 잘 생각하며 아래 빈칸에 다시 한 번 그려보거나 응용해서 그려보세요.

완성된 그림에 색을 칠해 그림에 개성을 부여해보세요.

조선 후기, 근대의 모습 (1)

✏️ 회색 선을 따라 그리기 연습을 해보세요.

보부상　　　　　판소리　　　　　　　모내기

탈춤　　　　　　　　　　통신사

✏️ 연습한 것을 잘 생각하며 아래 빈칸에 다시 한 번 그려보거나 응용해서 그려보세요.

조선 후기, 근대의 모습 (2)

 회색 선을 따라 그리기 연습을 해보세요.

천주교 탄압

조선 후기 여인의 모습

농민 봉기

3.1 운동

먼저 큰 형태부터 그리고 세부적인 형태를 그리면 좋습니다.

 연습한 것을 잘 생각하며 아래 빈칸에 다시 한 번 그려보거나 응용해서 그려보세요.

완성된 그림에 색을 칠해 그림에 개성을 부여해보세요.

3

그림으로 신나는 국어 수업을!

국어 수업을 위한 그림

가장 많은 시간을 수업하는 국어 교과!
국어 교과에 나오는 추상적인 개념의 이해를 도와줄
새롭고 창의적인 그림을 만들어 활용하세요.

추상적인 개념이 많은 국어 교과

국어 교과의 주요 학습 내용은 읽기, 쓰기, 말하기, 듣기 등 학습자의 실제적인 활동이나 구체적 사물이 아닌 추상적인 개념인 경우가 많습니다. 따라서 이미지로 나타낼 요소가 과학이나 사회 교과만큼 많지 않고 이미지로 나타내는 것도 쉽지 않습니다. 하지만 이미지로 나타낼 수만 있다면 학습 내용을 이해하는 데 큰 도움이 됩니다.

이미지와 텍스트의 조화

추상적인 개념이나 행동을 그림으로 정확하게 표현하려면 구체적인 표현들이 많이 들어가야 하거나 한 컷의 이미지만으로는 불가능한 경우가 대부분입니다. 따라서 추상적인 개념이 많은 국어 교과의 내용을 이미지로 표현할 때에는 텍스트와 이미지가 조화를 이루는 것이 필수입니다. 주요 개념은 낱말이나 짧은 문장으로 표현하고 이미지는 개념을 보완할 수 있도록 구성하는 것이 좋습니다.

국어 교과의 내용을 모두 이미지로 표현하기는 어렵습니다. 이미지를 반드시 활용해야 한다는 부담을 버리고 편하게 활용할 수 있는 경우에 한해 사용하는 것을 추천합니다.

그림의 다양한 변형과 적용 필요

뒤에 연습용으로 제시한 그림은 추상적인 개념을 나타내기 위한 예시입니다. 추상적인 개념을 표현할 수 있는 이미지는 추상적인 개념이 가지는 포괄성만큼 다양합니다. 따라서 제시된 그림을 그리면서 추상적인 개념을 이미지화하는 방식을 이해하고, 이를 다양하게 변형하거나 다른 개념에 적용하면서 꾸준히 연습하기 바랍니다.

독서 활동 및 독서 방법

 회색 선을 따라 그리기 연습을 해보세요.

나에게 맞는 책 고르기　　　읽기 전 내용 짐작하기　　　경험이나 궁금한 점 떠올리며 읽기

생각이나 경험 말하기　　　내용 간추리기　　　책 교환해서 읽기

먼저 큰 형태부터 그리고 세부적인 형태를 그리면 좋습니다.

 연습한 것을 잘 생각하며 아래 빈칸에 다시 한 번 그려보거나 응용해서 그려보세요.

기침면 그림에 책을 칠해 그림에 개성을 부여해보세요.

다양한 읽기 방법

 회색 선을 따라 그리기 연습을 해보세요.

경험 떠올리며 읽기　　단서를 찾아 내용 짐작하여 읽기　　원인과 결과 생각하며 읽기

문단의 중심 문장 찾아 읽기　사진, 그림 살피며 읽기　제목, 목차 살피며 읽기　글의 목적 생각하며 읽기　사실과 의견 구분하여 읽기

먼저 큰 형태부터 그리고 세부적인 형태를 그리면 좋습니다.

 연습한 것을 잘 생각하며 아래 빈칸에 다시 한 번 그려보거나 응용해서 그려보세요.

완성된 그림에 색을 칠해 그림에 개성을 부여해보세요.

글쓰기 단계 및 간추리기

 회색 선을 따라 그리기 연습을 해보세요.

목적, 읽을 사람, 주제 떠올리기　　쓸 내용 떠올리기　　표현하기　　고쳐 쓰기

문단의 중요 내용 찾아
간추리기

묶을 수 있는 낱말
정리해 간추리기

이어주는 말 사용해
간추리기

중심 문장 연결해서 간추리기

먼저 큰 형태부터 그리고 세부적인 형태를 그리면 좋습니다.

 연습한 것을 잘 생각하며 아래 빈칸에 다시 한 번 그려보거나 응용해서 그려보세요.

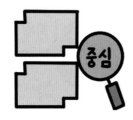

완성된 그림에 색을 칠해 그림에 개성을 부여해보세요.

다양한 글쓰기

 회색 선을 따라 그리기 연습을 해보세요.

일기 쓰기　　　편지글 쓰기　　　설명하는 글 쓰기　　　제안하는 글 쓰기

광고글 쓰기　　　신문 기사 쓰기　　　기행문 쓰기　　　주장하는 글 쓰기

먼저 큰 형태부터 그리고 세부적인 형태를 그리면 좋습니다.

 연습한 것을 잘 생각하며 아래 빈칸에 다시 한 번 그려보거나 응용해서 그려보세요.

완성된 그림에 색을 칠해 그림에 개성을 부여해보세요.

우리말과 언어 예절

 회색 선을 따라 그리기 연습을 해보세요.

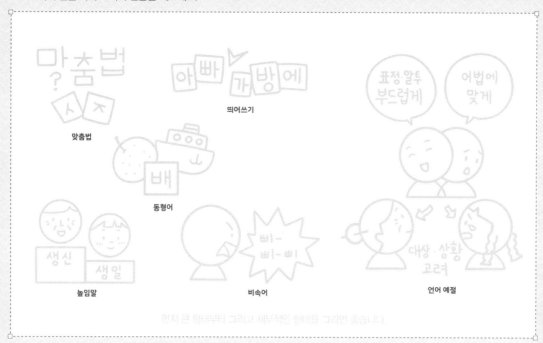

맞춤법

띄어쓰기

동형어

높임말

비속어

언어 예절

표정·말투 부드럽게

어법에 맞게

대상 · 상황 고려

먼저 큰 형태부터 그리고 세부적인 형태를 그리면 좋습니다.

 연습한 것을 잘 생각하며 아래 빈칸에 다시 한 번 그려보거나 응용해서 그려보세요.

완성된 그림에 색을 칠해 그림에 개성을 부여해보세요.

흉내 내는 말

 회색 선을 따라 그리기 연습을 해보세요.

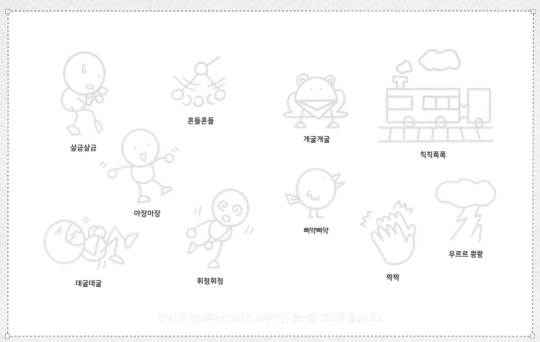

흔들흔들

살금살금

개굴개굴

칙칙폭폭

아장아장

삐약삐약

데굴데굴

휘청휘청

짝짝

우르르 쾅쾅

먼저 큰 형태부터 그리고 세부적인 형태를 그리면 좋습니다.

 연습한 것을 잘 생각하며 아래 빈칸에 **다시 한 번** 그려보거나 **응용**해서 그려보세요.

완성된 그림에 색을 칠해 그림에 개성을 부여해보세요.

이야기 구조 및 구성 요소

 회색 선을 따라 그리기 연습을 해보세요.

기　　　　　　　승　　　　　　　전　　　　　　　결

인물　　　　　　　　사건　　　　　　　　배경

먼저 큰 형태부터 그리고 세부적인 형태를 그리면 좋습니다.

 연습한 것을 잘 생각하며 아래 빈칸에 다시 한 번 그려보거나 응용해서 그려보세요.

완성된 그림에 색을 칠해 그림에 개성을 부여해보세요.

표정, 몸짓, 말투

 회색 선을 따라 그리기 연습을 해보세요.

표정　　　　몸짓　　　　말투　　　　내용과 어울리는 표정, 몸짓, 말투로 말하기

표정, 몸짓, 말투에 주의하며 말할 때 좋은 점

자신의 생각, 느낌을 정확히 전달 가능　　　다른 사람의 기분을 생각하며 생각, 느낌 전달 가능　　　듣는 사람이 잘 알아들을 수 있음

먼저 큰 형태부터 그리고 세부적인 형태를 그리면 좋습니다.

 연습한 것을 잘 생각하며 아래 빈칸에 다시 한 번 그려보거나 응용해서 그려보세요.

완성된 그림에 색을 칠해 그림에 개성을 부여해보세요.

회의 절차와 참여자 역할

 회색 선을 따라 그리기 연습을 해보세요.

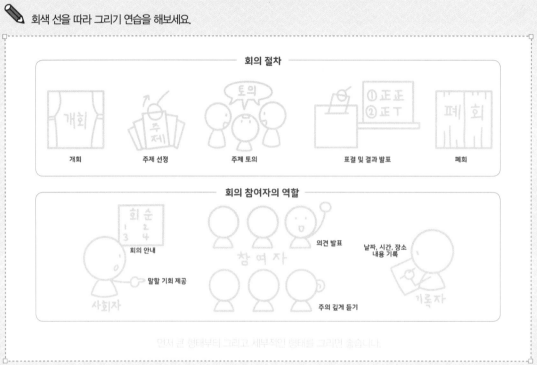

 연습한 것을 잘 생각하며 아래 빈칸에 다시 한 번 그려보거나 응용해서 그려보세요.

매체를 이용한 의사소통

 회색 선을 따라 그리기 연습을 해보세요.

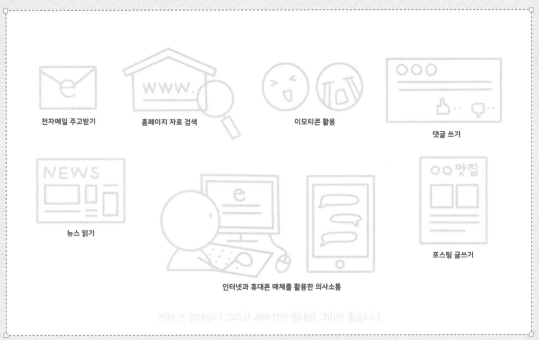

전자메일 주고받기　　　홈페이지 자료 검색　　　이모티콘 활용

댓글 쓰기

뉴스 읽기

포스팅 글쓰기

인터넷과 휴대폰 매체를 활용한 의사소통

먼저 큰 형태부터 그리고 세부적인 형태를 그리면 좋습니다.

 연습한 것을 잘 생각하며 아래 빈칸에 다시 한 번 그려보거나 응용해서 그려보세요.

완성된 그림에 색을 칠해 그림에 개성을 불어넣어보세요.

4
___
PART

그림을 활용한
학급살이

Chapter

이미지로 즐거운 수업

FUN! FUN!한 판서

잠자는 칠판에 생기를 불어넣을 칠판 그림.
아이들과 함께 칠판 그림 판서로 즐거운 수업을 만들어보세요.

칠판 그림 판서

■ 평소 수업할 때 선생님들의 칠판은 어떤 모습인가요? 인터넷 교수학습 사이트가 널리 보급된 지금, 어쩌면 TV보다 칠판을 바라보는 시간이 적지는 않은가요? 이렇게 잠자는 칠판에 생기를 불어넣을 수 있는 것이 바로 칠판 그림입니다.

■ 선생님이 칠판에 이미지를 이용해 정보를 요약하고 설명하는 모습을 보여준다면 아이들도 그 과정을 보고 함께 따라 할 수 있습니다.

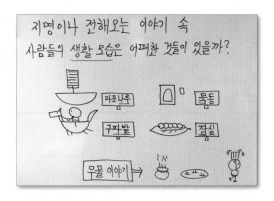

■ 그림을 그리는 과정에서 아이들은 그림이 무엇일지 유추하고, 그림과 텍스트 정보를 비교하면서 생각하는 힘을 키워나갈 수 있습니다.

■ 아이들은 선생님이 그린 그림이라면 잘 그렸든 못 그렸든 흥미 있게 보고 재미있어 합니다. 판서가 필요할 때 딱딱한 글만 나열하지 말고 그림으로 재미를 더해보세요.

Chapter 2

즐거움과 사고력을 높여주는
그림을 활용한 공책 필기

텍스트만 가득한 공책 필기가 지겹지는 않을까요?
그림을 활용한 공책 필기로 아이들의 재미와 흥미를 높여주세요.

그림으로 하는 공책 필기

▣ 선생님이 그림을 섞어 판서하면 아이들도 공책에 그림을 넣어 필기하게 됩니다. 그리고 더 나아가 스스로 텍스트 정보를 압축하여 그림으로 표현하기도 합니다. 많은 글자를 적는 것보다 그림으로 표현하면 시간도 절약되고 아이들의 흥미도 높일 수 있습니다.

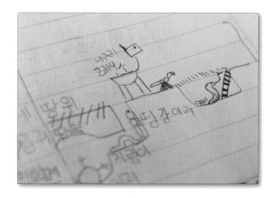

▣ 정보를 그림으로 나타내면 구조화하기가 쉽습니다. 복잡한 정보도 그림과 기호를 이용해서 표현하면 한눈에 이해할 수 있습니다.

▣ 필기할 때 그림을 예쁘게 그리려고 하면 미술 수업이 됩니다. 예쁘게 표현하기보다는 내용을 정확히 표현하도록 지도하는 것이 좋습니다. 도형 그림은 그런 의미에서 그림으로 필기하기에 아주 적합한 방법입니다.

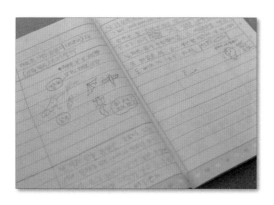

▣ 그림으로 정리한 필기는 복습하면서 생각하는 힘을 키울 수 있습니다. 왜냐하면 복습하는 과정에서 그림을 보고 학습자의 언어로 다시 표현해야 하기 때문입니다. 즉 그림 속에서 정보를 찾아내고 그림들 간의 관계를 파악해서 머릿속에서 다시 정보를 정리해야 한다는 뜻입니다. 구체적인 텍스트보다 훨씬 더 많은 생각을 할 수 있는 기회를 제공하는 셈입니다.

3 Chapter

수업 시작 전! 5분!

뚝딱! 즉석 학습지

수업 자료가 급히 필요할 때, 어떻게 하세요?
깨끗한 A4 용지에 그림으로 즉석 학습지를 만들어보면 어떨까요?

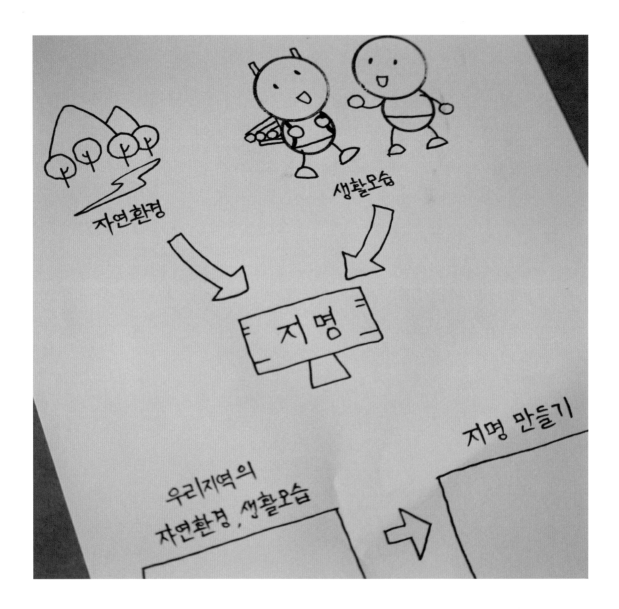

즉석 학습지 만들기

■ 매 차시 수업을 매일매일 준비하는 것은 쉽지 않습니다. 수업 자료를 만들기 위해 컴퓨터를 켜고 글을 쓰고 편집하는 과정이 오래 걸리기 **때문입니다**. 특히 이미지가 들어간 자료라면 더욱 많은 시간이 걸립니다. 이제 빈 종이에 즉석으로 그림을 그려 재미있는 학습지를 만들어보세요.

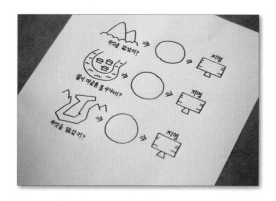

■ 수업 시작 전 깨끗한 A4 용지를 준비합니다. 수업할 학습 내용을 선생님의 손글씨와 도형 그림으로 즉석에서 학습지로 만들어보세요. 이것을 바로 복사해서 아이들에게 나누어주면 무엇보다 훌륭한 교수학습 자료가 될 수 있습니다.

■ 단순한 글쓰기 학습지라도 그림을 활용하면 그림 속에 학습 내용을 담을 수도 있고 아이들이 웃을 수 있는 재미 요소도 넣을 수 있습니다.

■ 학생들마다 활동 속도가 달라 고민한 적 있으시죠? 이때 즉석 학습지가 도움이 됩니다. 활동을 일찍 마친 아이들이 학습지에 컬러링을 하거나 자신의 생각을 그려보는 동안 다른 아이들은 활동 시간을 넉넉히 사용할 수 있습니다.

한번 만들어두면 편리한

그림으로 이야기하는 PPT

반복적으로 사용하는 자료를 이야기 중심 PPT로 만들어두세요.
필요할 때마다 꺼내 쓰면 편리하겠지요?

이미지 중심 PPT

■ 학기 초 매번 설명하는 학급살이 방법이나 다양한 생활지도 등을 그림을 활용한 이야기 중심 PPT로 만들어보세요. 구체적인 장면과 함께 설명하면 쉽게 이해할 수 있고 재미도 있습니다. 한번 만들어둔 자료는 새 학기마다 다시 꺼내 활용할 수 있는 선생님의 소중한 자료가 될 것입니다.

■ 이야기 중심 PPT는 슬라이드 한 장, 한 장이 웹툰의 한 컷과 비슷합니다. 간단한 도형 그림 인물과 말풍선으로 한 편의 이야기 PPT를 만들어보세요.

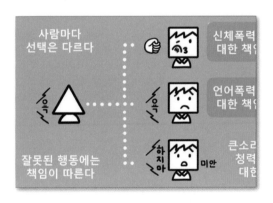

■ 인물의 기본 틀을 그려두고 눈썹, 눈, 입 모양을 따로 따로 그린 후 각 부분을 바꾸어주면 다양한 표정을 만들 수 있어 효과적입니다.

■ 생활지도, 체험학습 안전지도 등 아이들에게 반복적인 지도를 해야 할 때, 만들어둔 PPT 자료는 빛을 발할 것입니다.

Chapter

흥미와 집중력을 높여주는
그림으로 전달력 UP! 연수자료

텍스트만 가득한 연수자료는 이제 그만!!
연수자료에 있는 그림을 바탕으로 생생한 발표를 완성하세요.

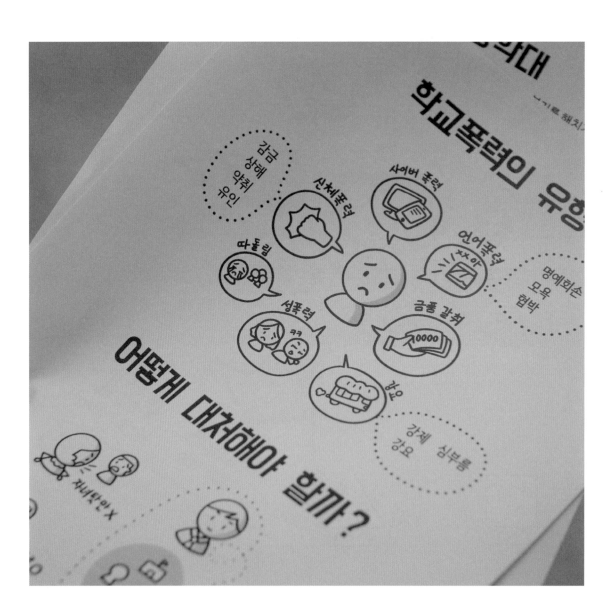

이미지 중심 연수자료

■ 학부모나 학생 또는 교사를 대상으로 하는 연수자료를 만들 일이 종종 있습니다. 그런 연수자료 중 텍스트로 가득찬 자료는 눈살이 절로 찌푸려집니다. 이때 자료에 직접 그린 그림을 넣어 시선이 더 오래 머물 수 있도록 만들어보세요.

■ 전달할 정보를 읽고 그림으로 표현하기 쉬운 부분을 삽화로 넣어보세요. 딱딱한 정보 전달에 달콤한 휴식처가 되어줄 것입니다.

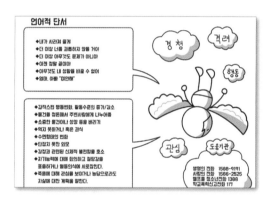

■ 모든 내용을 그림으로 표현하려고 고민하지 마세요. 어떤 정보는 그림보다 텍스트로 전달하는 것이 더 편하고 효과적일 수 있습니다. 부담 없이 그릴 수 있는 그림부터 도전하세요.

■ 가장 지루한 발표가 자료에 있는 글을 그대로 읽는 발표 아닌가요? 그림으로 표현된 부분의 텍스트는 과감하게 생략하고 살아 있는 언어로 설명해보세요. 청중들은 텍스트 정보가 없기 때문에 선생님의 발표에 더 집중할 것입니다.

6
Chapter

200% 문서의 완성도를 높여주는

문서 클립아트

학급문집이나 계획서 및 보고서에
직접 만든 클립아트나 이모티콘을 사용해보세요.
문서에 활기와 재미가 더해질 것입니다.

학급문집 클립아트

■ 글 내용에 맞는 그림! 언제까지 인터넷에서 찾아다닐 건가요? 직접 그림을 그려 학급문집에 삽화를 넣어 주세요. 학급문집 한 장, 한 장이 교사와 학생들의 멋진 작품이 될 것입니다.

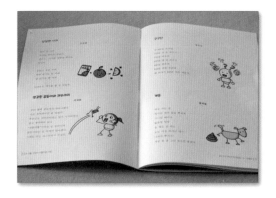

■ 학급문집의 그림은 그림책의 그림처럼 글과 조화를 이루어 글을 더욱 돋보이게 하는 역할을 합니다.

■ 단지 예쁜 이미지들로 학급문집을 아름답게 꾸미려고 하지 마세요. 아이들의 글이 더 살아나도록 글에 어울리는 그림을 넣어주세요.

■ 선생님뿐만 아니라 학생들이 스스로 그린 그림을 학급문집에 넣는다면 아이들이 더욱 애착을 느끼는 학급문집이 될 수 있습니다.

계획서 및 보고서 클립아트

■ 학교에 있으면 계획서나 보고서를 작성할 일이 많습니다. 이때 보고서의 내용을 쉽게 이해하는 데 도움을 주기 위해, 그리고 문서를 예쁘게 꾸미기 위해 알맞은 클립아트를 직접 제작하여 넣어보세요. 문자만 가득한 계획서나 보고서보다 눈에 잘 들어오는 통일성 있는 문서를 만들 수 있습니다.

■ 깔끔한 보고서의 경우 간단한 이미지들은 파워포인트 도형 그림을 이용하면 좋습니다. 이것은 쉽게 복사, 이동 및 크기 조절까지 가능하기 때문에 반복적으로 아이콘을 나타내야 할 때 변형하여 사용하기에 매우 적합합니다.

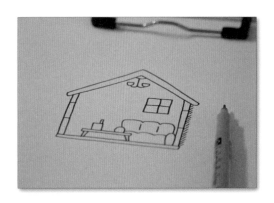

■ 다소 복잡하거나 파워포인트로 제작하기 까다로운 이미지라면 그림을 직접 그리는 것이 효과적입니다. 특히 보고서에 들어가는 인포그래픽을 그림으로 나타내면 파워포인트를 이용하는 것보다 다양한 표현이 가능합니다.

■ 직접 그린 인포그래픽 자료는 디지털화하여 채색합니다. 색상은 정보를 구분 짓기도 하고 색상 자체가 정보를 포함하는 경우도 있습니다. 그러므로 정보의 내용과 조화되도록 색을 사용합니다. 너무 많은 색을 사용하거나 채도가 높은 색을 쓰면 그림만 튀어 보이거나 산만해 보이므로 주의해야 합니다.

이모티콘 클립아트

■ 학급 홈페이지나 카페, 밴드 등의 온라인 문서 또는 딱딱한 문자가 가득한 활동지나 PPT에 직접 만든 이미지를 스티커처럼 넣어보세요. 평소 선생님의 말투나 습관을 나타낸 캐릭터로 이모티콘을 만들어 활용하면 아이들과의 소통에 더 큰 즐거움을 줄 것입니다.

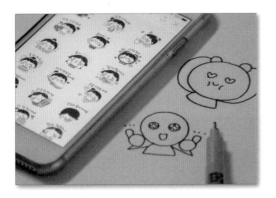

■ 평소 좋아하는 이모티콘을 보고 도형 그림으로 따라 그려보세요. 표정이나 동작을 훨씬 쉽게 그릴 수 있습니다.

■ 헤어스타일, 자주 입는 옷 스타일, 간단한 소품 등의 특징을 그려 넣어 이모티콘에 선생님이나 아이들의 캐릭터를 부여할 수도 있습니다.

■ 이렇게 완성된 이모티콘은 디지털화하여 사용하면 좋습니다. 온라인 문서나 딱딱한 문자만 있는 글에 이모티콘을 넣으면 활기와 재미가 생겨납니다.

Chapter 7

내가 직접 디자인하는 우리 반!
DIY 학급 환경 디자인

직접 그린 그림의 활용 방법은 교실 곳곳에서 찾을 수 있습니다.
시간표, 게시판 현수막, 게시판 타이틀, 노트 이름표,
게시용 문서 등에 활용해보세요.

시간표

■ 아이들이 매일 보는 시간표! 딱딱한 글자 말고 직관적인 도형 아이콘으로 표현하면 어떨까요? 특히 같은 과목이라도 학년별로 내용이 달라지는데, 학년에서 다루는 내용을 중심으로 디자인한다면 어디에서도 구할 수 없는 선생님 학급만을 위한 특별한 시간표가 될 수 있지 않을까요?

■ 각 교과별로 특징적인 상징물을 이용하여 그림을 그립니다. 그리고 일정한 도형 테두리를 그립니다. 이렇게 테두리를 그리면 외각선의 형태가 단순해져서 시간표를 자를 때 편리합니다.

■ 시간표는 반복되어 사용하기 때문에 디지털로 작업하거나 아날로그 그림을 디지털화해서 사용하면 좋습니다. 디지털로 작업할 때 아이콘에 색을 입혀 눈에 잘 띄도록 디자인하면 좋습니다.

■ 이렇게 스스로 시간표를 디자인하면 프로젝트 수업 같은 특별 수업도 간단히 도화지에 그려 즉석에서 시간표를 만들어 붙일 수 있습니다.

게시판 현수막

■ 요즘 환경 정리의 대세가 무엇인지 아시나요? 바로 게시판 현수막입니다! 비싼 돈을 들여 재료를 사서 꾸미지 않아도 2~3만 원 하는 디자인 현수막으로 단번에 게시판을 꾸밀 수 있습니다. 그림으로 현수막을 스스로 디자인해보세요!

■ 현수막은 크기가 크기 때문에 이미지 화질 저하를 막기 위해 파워포인트 도형으로 디자인 작업을 하는 것이 좋습니다. 먼저 파워포인트 슬라이드 크기를 현수막 가로, 세로 크기 비율에 맞게 설정합니다. 실제 크기의 10분의 1 정도 크기로 설정하면 적절합니다. (현수막 인쇄는 5cm 단위로 크기를 설정하는 경우가 많습니다.)

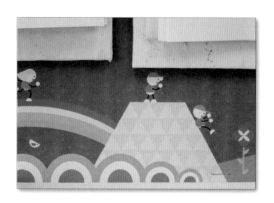

■ 파워포인트 도형 그림을 활용해 현수막 디자인을 완성합니다. 디자인할 때에는 실제 인쇄될 이미지의 크기를 확인하며 크기를 조절합니다. 이를 위해 파워포인트 슬라이드 안에 8절지나 A4 용지 크기의 도형을 그려두면 완성된 현수막의 구성을 떠올리며 작업할 수 있어 좋습니다. (도형의 서식에서 도형의 가로, 세로 크기를 확인 및 설정할 수 있습니다.)

■ 완성된 파워포인트 그림을 [파일]–[내보내기]–[PDE/XPS 문서 만들기]를 통해 PDF 파일로 내보냅니다. 이렇게 저장한 PDF 이미지는 확대되어도 깨지지 않는 벡터 형식의 이미지로 저장됩니다. 따라서 크기를 실제 게시판 크기로 확대해도 선명한 이미지를 얻을 수 있습니다.

게시판 타이틀

■ 교실 속 게시판이나 칠판 등에 주제에 따른 코너를 만들려면 타이틀이 필요합니다. 이때 직접 그린 손그림으로 주제에 맞는 타이틀을 만들어보세요. 내용과 연결된 그림은 코너의 주제를 더욱 명확하게 만들어줄 것입니다.

■ 아이들이 열심히 그린 미술 작품을 전시할 때 타이틀을 만들어 붙이면 좋겠지요? 이때 컴퓨터로 이미지 찾고 인쇄하고 자르고… 귀찮으시죠? 이제 도화지에 두꺼운 매직으로 슥슥 그리고 잘라 즉석에서 수작업 타이틀을 만들어보세요.

■ 손으로 직접 그린 타이틀은 제작하는 과정이 단순해 즉석에서 빨리 만들고 쉽게 교체할 수 있는 장점이 있습니다.

■ 미술 작품은 아이들이, 타이틀은 선생님이 만들어서 선생님과 학생이 함께 멋진 교실 속 코너를 만들어보세요.

노트 이름표

■ 아이들이 사용하는 다양한 노트! 확인할 때마다 어느 교과의 노트인지, 누구 것인지 이름을 확인하느라 힘든 적 없었나요? 선생님이 직접 디자인한 노트 이름표를 라벨지에 인쇄하여 붙여주면 쉽게 노트 종류와 이름을 확인할 수 있어 편리합니다.

■ 노트의 종류에 따라 라벨지에 들어갈 이미지를 그려줍니다. 이미지를 그릴 땐 라벨지의 가로, 세로 비율을 생각해서 라벨지의 어디에 어떤 크기로 넣을지 미리 정한 후 그리는 것이 좋습니다.

■ 변경될 수 있는 교과명이나 학생 이름 같은 경우는 이후에 컴퓨터에서 입력 및 수정할 수 있도록 각 글자가 들어갈 자리를 비워두도록 합니다.

■ 완성한 그림을 디지털화해서 라벨지 인쇄 프로그램으로 불러와 노트 이름표로 편집 후 인쇄해서 사용합니다.

게시용 문서

■ 학급에 항상 붙여두고 봐야 하는 게시글이나 문서가 있나요? 저는 생활지도와 관련된 내용을 항상 붙여두는데요. 그런데 딱딱한 글은 붙여두어도 1년에 한 번 읽을까 말까 합니다. 자주 눈이 가서 살펴볼 수 있도록 재미있는 그림으로 게시용 문서를 만들어보세요.

■ 문서를 그림으로 꾸밀 땐 2가지 방법이 있습니다. 첫 번째는 글 내용 중에서 중요하거나 그림으로 표현할 수 있는 부분을 그림으로 그려 삽화처럼 넣는 방법입니다. 이때 그림은 글 내용을 간단히 요약해서 보여주는 역할을 합니다.

■ 두 번째는 타이틀 등 전체를 그림으로 그리고 컴퓨터로 필요한 텍스트만 넣는 방법입니다. 구체적인 정보 전달보다는 간단한 내용을 직관적으로 전달할 때 사용하면 좋습니다.

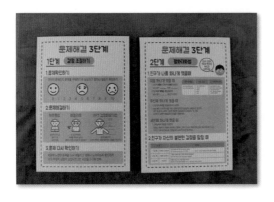

■ 모든 내용을 그림으로만 표현할 수는 없습니다. 그림으로 표현할 수 있는 부분만 그림으로 넣고 자세한 정보는 글로 적어 그림과 글이 잘 조화되도록 합니다.

Chapter

8

교사의 개성 있는 학급 운영을 뽐내는

DIY 학급 운영 아이템

소통 도장, 학급 쿠폰, 캐리커처 등 그림을 이용한
아이템들은 아이들의 학급 생활에 즐거움을 줍니다.

소통 도장

■ 문구점에도 많은 도장이 있지만 선생님만의 개성 있는 도장을 만들고 싶지 않나요? 그림으로 쉽게 이미지를 제작하여 세상에 단 하나뿐인 도장을 만들 수 있습니다.

■ 도장의 형태와 가로, 세로 비율을 고려해서 이미지를 구성합니다. 이때 실제 사이즈보다 크게 이미지를 그려야 선명한 도장을 얻을 수 있습니다. 그린 이미지를 스캔해서 인터넷 도장 업체에 주문하면 업체에서 보정해서 시안을 보내줍니다. 확인 후 제작하면 도장 완성!

■ 도장을 만들 땐 너무 세밀한 표현을 하지 않도록 합니다. 세밀한 글자나 도형들은 도장 사이즈로 제작되는 과정에서 뭉개지거나 없어져 오히려 지저분해 보일 수 있습니다.

■ 사진처럼 기본 인물 형태만 도장으로 만든 후 그때그때 알맞은 표정과 동작을 그려주면 다양한 감정을 표현할 수 있습니다.

학급 쿠폰

■ 학급 쿠폰을 제작해서 학급 운영에 활용하는 것도 좋습니다. 선생님들의 교육관과 학급 운영 실정에 맞게 학급 쿠폰을 제작하여 활용한다면 아이들에게 재미를 주는 것은 물론이고 긍정적인 보상이 될 수 있습니다.

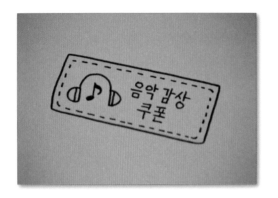

■ 빈 종이에 쿠폰에 들어갈 이미지를 쿠폰 내용에 맞게 그립니다. 손그림으로 완성한 이미지를 스캔한 후 컴퓨터로 간단히 채색합니다. 이렇게 손으로 그린 학급 쿠폰을 디지털화하면 대량으로 만들어 계속 사용할 수 있습니다.

■ 파워포인트의 도형 그림을 이용해 컴퓨터에서 바로 쿠폰을 제작할 수도 있습니다. 이렇게 컴퓨터로 제작하면 쉽게 형태를 수정할 수 있어서 다양한 형태의 쿠폰을 제작할 수 있습니다.

■ 쿠폰은 대부분 똑같은 이미지를 여러 장 인쇄하여 사용합니다. 그래서 쿠폰에 들어갈 일부 이미지만 디지털로 작업한 쿠폰이든 전부를 손그림으로 작업한 쿠폰이든, 최종적으로는 디지털화해서 한글이나 파워포인트에서 복사한 후 사용합니다.

캐리커처

■ 캐리커처 그리기는 전문가가 아니어도 가능합니다. 도형 그림으로 기본 얼굴 형태를 잡고 머리 스타일과 눈, 코, 입의 위치와 방향, 액세서리와 의상의 포인트만 잘 생각해서 반영하면 캐리커처를 쉽게 그릴 수 있습니다.

■ 인물의 특징을 파악하는 것이 처음엔 쉽지 않을 것입니다. 먼저 인물의 특징을 가장 잘 나타내는 머리 스타일에 초점을 두어 그려보세요. 다른 형태는 모두 같더라도 머리 스타일만 잘 관찰해서 그려도 한 학급의 아이들을 모두 다르게 그릴 수 있습니다.

■ 머리 모양이 비슷한 아이들은 어떻게 할까요? 그럴 땐 얼굴 형태나 표정을 변화시켜보세요. 비슷한 특징을 가진 아이들도 표정으로 개성을 표현할 수 있어요.

■ 아이들 캐리커처를 그려두면 이름표나 학기말 학급 앨범, 공개 수업 PPT 등에 활용할 수 있을 뿐 아니라 책갈피 등 간단한 학급 소품으로 만들어 활용할 수도 있습니다.

부록

손그림으로
디지털 자료
만들기

아날로그 작업을 나만의 클립아트로 만들자
메디방 페인트 프로그램 활용법

전문 일러스트 프로그램을 활용하면 좀더 쉽게 이미지를
제작할 수 있습니다. 메디방 페인트 프로그램은 무료로
PC 버전과 모바일 버전을 모두 사용할 수 있어서 학교에서
아이들과 함께 일러스트를 배우고 활용하는 데 유용합니다.

01 메디방 페인트 다운로드하기

인터넷 검색창에 메디방 페인트를 검색한 후 메디방 페인트 사이트로 들어갑니다. 홈페이지에 있는 다운로드 버튼을 클릭하면 왼쪽 화면과 같이 나오는데 사용하는 컴퓨터의 운영체제에 맞게 프로그램을 다운로드합니다.

(보통 학교에서는 윈도우 32bit 운영체제를 사용합니다.)

02 메디방 페인트 설치하기

다운로드 받은 설치파일을 실행시켜 메디방 페인트 프로를 컴퓨터에 설치합니다.

03 프로그램 실행하기

메디방 페인트 실행 아이콘을 눌러 프로그램을 실행합니다. 이때 프로그램 가운데 나오는 팝업 창은 닫아줍니다.

04 프로그램 인터페이스 알아보기

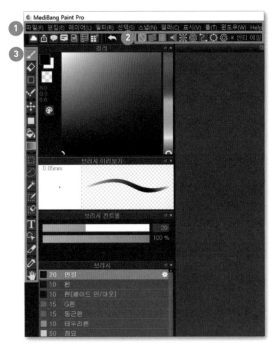

① 메인 메뉴

메인 메뉴에는 프로그램의 기본 기능들이 있습니다. 특히 자주 사용되는 기능에는 편집의 트리밍, 필터의 레벨 보정 및 선화 추출 등이 있습니다.

② 옵션 바

옵션 바(막대)는 도구 메뉴에서 도구를 선택할 때마다 해당 도구 사용 시 필요한 설정 값을 조정할 수 있는 옵션이 나타나는 영역입니다.

③ 도구 메뉴

도구 메뉴는 브러시로 그리기, 지우개로 지우기 등 다양한 기능의 도구들을 모아둔 메뉴입니다. 가장 자주 쓰는 메뉴로, 이미지를 선택하여 변경합니다.

④ 네비게이터 창

네이게이터 창은 이미지 미리보기 창입니다. 작업 화면을 확대하거나 회전, 반전시킬 수 있는 아이콘이 있습니다.

⑤ 레이어 창

레이어 창은 이미지의 레이어를 관리할 수 있는 창으로 이미지 편집 프로그램에서 가장 중요한 창입니다. 레이어의 불투명도와 블렌딩 모드를 설정할 수 있는 부분이 레이어 창 상단에 있고 레이어를 생성, 삭제하거나 통합할 수 있는 아이콘은 레이어 창 하단에 있습니다.

05 도구 메뉴 자세히 살펴보기

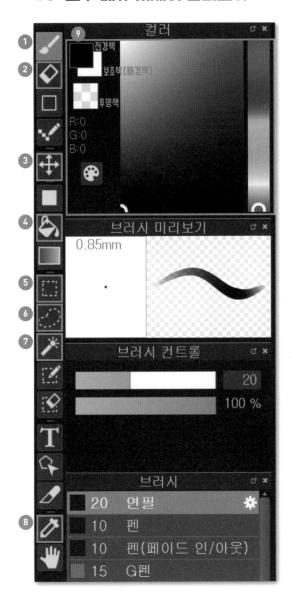

❶ 브러시 툴

다양한 모양의 브러시를 이용해서 캔버스에 선을 그립니다.

❷ 지우개 툴

캔버스에 있는 이미지를 지웁니다.

❸ 이동 툴

선택한 영역이나 레이어의 개체를 드래그해서 이동시킵니다.

❹ 페인트 툴

클릭한 영역에 원하는 색을 부어 칠합니다.

❺ 사각 선택 툴

사각형으로 영역을 선택합니다.

❻ 올가미 선택 툴

마우스로 드래그하여 영역을 선택합니다.

❼ 마술봉 툴

마술봉 툴로 선택한 부분과 인접해 있는 같거나 비슷한 색상 영역을 선택합니다.

❽ 스포이트 툴

클릭한 영역의 색상을 선택합니다.

❾ 컬러 픽커

전경색과 보조색을 선택합니다. 또한 투명색을 선택할 수 있는데 투명색으로 브러시를 사용하면 지우개 툴과 같은 효과를 볼 수 있습니다.

06 레이어 개념 알아보기

■ 이미지 프로그램의 도화지는 레이어(layer)입니다. 레이어는 투명한 필름이라고 생각하면 이해하기 쉽습니
다. 이미지 프로그램은 이러한 레이어를 여러 개 겹쳐 하나의 결과물을 만들어냅니다.

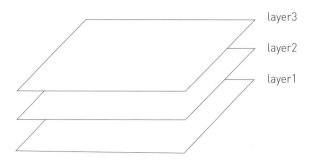

■ 예를 들어 아래와 같은 3가지 그림을 투명한 종이에 그려서 포개어놓으면 하나의 그림이 완성되듯이 레이
어에 그려진 그림이 아래에서부터 차곡차곡 겹쳐지면 그림이 완성됩니다.

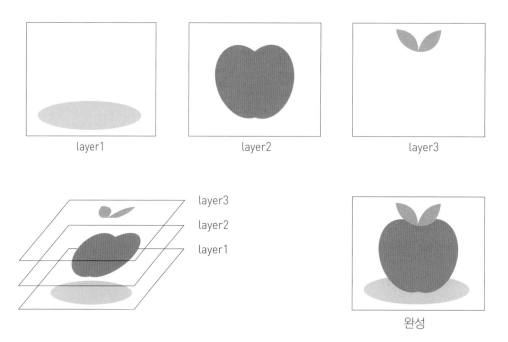

07 레이어 창 자세히 살펴보기

❶ 레이어 섬네일

레이어 미리보기 창으로 Ctrl키를 누르고 섬네일을 클릭하면 해당 레이어의 색칠된 부분을 모두 자동으로 선택할 수 있습니다.

❷ 레이어 이름

레이어의 이름으로 더블 클릭하여 변경할 수 있습니다.

❸ 레이어 불투명도

레이어의 불투명도를 조절하는 막대입니다.

❹ 레이어 블렌딩

레이어에 다양한 블렌딩 효과를 줄 수 있는 설정 창입니다.

❺ 새 레이어

새로운 레이어를 만들 수 있습니다.

❻ 레이어 통합

선택한 레이어들을 하나의 레이어로 만듭니다.

❼ 레이어 삭제

선택한 레이어를 삭제할 수 있습니다.

08 알아두면 유용한 단축키

*단축키는 메인 메뉴 [파일]-[단축키] 설정에서 사용자에 맞게 변경, 추가, 삭제할 수 있습니다.

- 화면 확대 `Ctrl` + `+`
- 화면 축소 `Ctrl` + `−`
- 저장하기 `Ctrl` + `S`
- 입력 취소 `Ctrl` + `Z`
- 다시 실행 `Ctrl` + `Y`
- 자르기 `Ctrl` + `X`
- 복사 `Ctrl` + `C`
- 붙여넣기 `Ctrl` + `V`
- 문서 전체 선택 `Ctrl` + `A`
- 선택 영역 취소 `Ctrl` + `D`
- 자유 변형 `Ctrl` + `T`
- 레벨 조정하기 `Ctrl` + `L`

- 브러시 확대 `]`
- 브러시 축소 `[`
- 이동 툴 `V`
- 사각 선택 툴 `M`
- 올가미 툴 `L`
- 마술봉 툴 `W`
- 브러시 툴 `B`
- 지우개 툴 `E`
- 페인트 툴 `G`
- 스포이트 툴 `I` 브러시 툴 선택한 상태에서 `Alt`
- 핸드 툴 `H` 어떤 도구든 선택한 상태에서 `Space`

09 스캔 그림 보정하기

스캔한 그림 파일이 열리면 레벨 값을 조정해야 합니다. 단축키 Ctrl + L을 눌러 레벨 조정 창을 띄웁니다. 입력 막대에 3개의 삼각형 조절 점이 있는데 가장 왼쪽 점을 가운데에서 조금 오른쪽에 위치하게, 가장 오른쪽 점을 왼쪽으로 조금만 움직입니다. 이렇게 조절하면 흰색 바탕은 더 희게, 라인은 더욱 검게 보정됩니다.

(스캔 상태에 따라 조정해야 하는 수치가 다릅니다. 검정색 라인이 선명하게 보이도록 조정하면 됩니다.)

10 잡티 제거 및 보충 그리기

보정 후 지우개 툴로 흰색 배경에서 눈에 띄는 잡티를 지웁니다. 그리고 브러시 툴을 이용해 끊어진 선을 연결하거나 보충해야 하는 선을 그립니다. 지우거나 그릴 때는 미리 브러시의 크기를 조절하는 것이 좋습니다.

- ■ 브러시 확대 `]`
- ■ 브러시 축소 `[`

- ■ 브러시 확대 `Ctrl` + `Alt` + `→드래그`
- ■ 브러시 축소 `Ctrl` + `Alt` + `←드래그`

11 선화 추출하기

잡티를 다 지웠으면 메인 메뉴에서 [필터] – [선화 추출]을 클릭합니다. 선화 추출이란 흰색은 투명하게 바꾸고 검정색은 남겨두는 것을 말합니다. 앞서 레벨 보정으로 흑백의 값을 조절했기 때문에 선화 추출 시에는 입력 값을 조절하지 않아도 됩니다.

12 채색 레이어 만들기

새로운 레이어를 만들고 레이어 이름 부분을 더블 클릭해 레이어 이름을 채색 레이어로 변경합니다. 만들어진 채색 레이어는 드래그해서 선화 추출한 레이어 아래쪽으로 옮깁니다.

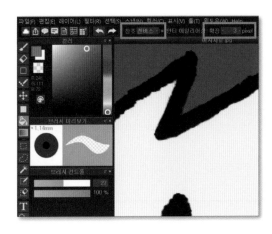

13 페인트 툴 채색하기

페인트 툴을 선택합니다. 상단 옵션 바에서 [참조 : 캔버스], [확장 : 3 pixel]로 설정합니다. 위와 같이 설정한 후 원하는 색을 선택해 칠하고자 하는 영역을 클릭하면 해당 영역이 깔끔하게 채워집니다.

([확장 : 3 Pixel]은 원래 칠해지는 영역보다 3픽셀 값만큼 더 많은 영역을 칠한다는 의미입니다. 따라서 이 값은 이미지에 따라 변경하여 사용합니다. 경계선이 끊겨 있거나 참조 설정이 캔버스로 되어 있지 않은 경우 바탕까지 색이 칠해질 수 있습니다.)

14 브러시로 보충 채색하기

색을 전부 다 칠했으면 페인트 툴로 채색할 때 색이 들어가지 않은 부분이 있는지 점검합니다. 보통 두 선이 예각으로 만나는 경계 부분은 색이 들어가지 않는 경우가 많습니다. 이럴 땐 브러시 툴로 덜 채워진 부분을 칠합니다.

(브러시 툴로 보충 채색할 때 Alt키를 누르면 마우스 포인트가 스포이트 모양으로 바뀌어 앞서 사용했던 색을 쉽게 추출할 수 있습니다.)

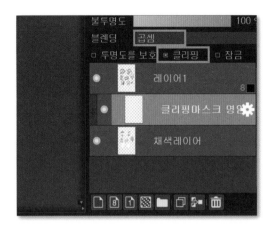

15 클리핑 마스크 레이어 만들기

새로운 레이어를 만들고 레이어 이름을 클리핑 마스크 명암으로 변경합니다. 그리고 드래그해서 채색 레이어 위쪽으로 옮깁니다.

클리핑 마스크 명암 레이어를 선택하고 레이어 창의 클리핑을 선택하면 왼쪽과 같이 레이어가 한 단계 오른쪽으로 들어간 모양으로 바뀝니다. 클리핑 마스크 명암 레이어의 블렌딩 모드를 곱셈으로 변경합니다.

16 명암 넣기

컬러 픽커 창에서 명암으로 쓰일 연한 회색을 선택합니다. 그리고 브러시 툴을 이용해 색칠한 부분 위로 회색을 칠하면 쉽게 명암을 표현할 수 있습니다.

(브러시 툴 옵션 바의 보정 값을 올리면 마우스로 드래그해서 명암을 그리더라도 마우스의 흔들림이 보정되어 보다 깔끔하게 명암선을 그릴 수 있습니다.)

17 레이어 통합하기(선택)

명암을 넣어 그림을 완성하였다면 이미지를 저장하기 위해 메인 메뉴에서 [레이어] – [모든 레이어를 통합]을 선택합니다. 그러면 3가지 레이어가 하나로 합쳐집니다.

(이렇게 레이어를 통합하는 이유는 완성된 결과물의 일부분을 선택해서 위치 이동, 회전, 크기 변환 등의 수정을 편하게 하기 위해서입니다. 만약 이러한 수정 과정 없이 그대로 사용한다면 통합하지 않아도 괜찮습니다.)

18 선택 영역 트리밍하기

명암을 넣어 그림을 완성한 후 각각의 이미지를 저장하려면 따로 저장할 이미지 영역을 사각 선택 툴을 이용하여 선택합니다. 그리고 메인 메뉴에서 [편집] – [트리밍]을 클릭하면 선택 영역만 잘리게 됩니다.

(트리밍하기 전에 메인 메뉴에서 [파일] – [다른 이름으로 저장]에서 메디방 페인트 파일 확장자인 *.mdp로 저장해 백업해두면 좋습니다.)

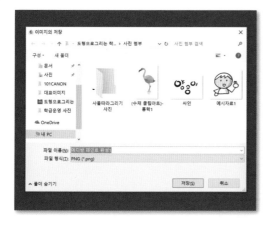

19 PNG 저장하기

트리밍이 되었으면 메인 메뉴에서 [파일] – [다른 이름으로 저장]을 선택합니다. 저장 창에서 파일 형식을 PNG로 선택합니다. 그리고 파일에 적당한 이름을 붙여 원하는 폴더에 저장합니다.

(PNG 파일은 투명한 색상 정보도 저장 가능하기 때문에 바탕이 투명한 클립아트를 만들 수 있습니다. 이렇게 바탕이 투명한 이미지를 만들어두면 한글이나 파워포인트 등으로 문서 작업할 때 언제든 불러와서 이미지를 사용하기 쉽습니다.)

20 트리밍 되돌리기

작업한 다른 이미지를 저장하기 위해서는 트리밍했던 과정을 되돌려야 합니다. 메인 메뉴에서 [편집] – [다시하기]를 선택하거나 단축키 Ctrl + Z를 눌러 트리밍 이전으로 작업을 되돌립니다. 이후 다른 이미지를 선택해서 저장하는 과정을 다시 반복합니다.

21 선택 영역 이미지 이동하기(선택)

이미지를 트리밍할 때 사각형으로 이미지를 선택하면 주변의 이미지가 함께 선택되는 경우가 있습니다. 이럴 땐 올가미 툴로 해당 이미지를 선택해 이동 툴로 이동 후 트리밍해야 합니다.

(올가미 툴로 이미지를 선택해 이동하기 위해서는 앞의 17번 과정을 통해 모든 레이어가 통합되어 있어야 합니다.)

22 다른 이미지 트리밍 후 저장하기

새롭게 저장할 이미지를 사각 선택 툴로 선택합니다. 그리고 메인 메뉴에서 [편집] – [트리밍]을 클릭하여 선택 영역만 잘라줍니다. 다음으로 메인 메뉴에서 [파일] – [다른 이름으로 저장]을 선택하여 PNG 파일로 저장합니다.

이와 같은 과정을 반복하면 작업한 이미지를 각각의 PNG 클립아트 파일로 만들 수 있습니다.

PNG 투명 클립아트 파워포인트에서 활용하기

TIP 1. 이미지 파일 삽입하기

PNG 파일을 파워포인트 슬라이드에 바로 드래그해서 넣으면 쉽게 슬라이드 안에 이미지를 삽입할 수 있습니다. 이미지를 끌어다 넣은 후 자유롭게 위치와 크기 조정, 회전 등을 이용해 슬라이드를 정리해보세요.

TIP 2. 이미지와 배경색

하얀색이 주를 이루는 그림 같은 경우는 바탕색이 진하면 선명하게 잘 보여서 좋습니다. 반대로 색이 들어간 그림은 연한 배경색과 잘 어울립니다.

TIP 3. 투명 이미지에 그림자 효과

투명 이미지에 그림자 효과를 넣으면 개체 모양그대로 그림자가 생겨 입체적인 효과를 만들 수 있습니다. 다만 아랫부분에 투명한 배경 영역이 있으면 개체가 공중부양한 것처럼 그림자가 생깁니다. 이때 개체 자르기를 통해 아랫부분 투명 배경을 없애주면 자연스러운 그림자가 됩니다.

PNG 투명 클립아트 한글 프로그램에서 활용하기

TIP 1. 이미지 파일 삽입하기

PNG 파일을 한글 문서에 바로 드래그해서 넣으면 쉽게 문서 안에 이미지를 삽입할 수 있습니다. 이미지를 끌어다 넣은 후 크기를 조절하고 적당한 위치에 배치하여 문서를 꾸며보세요.

TIP 2. 삽입 이미지 설정

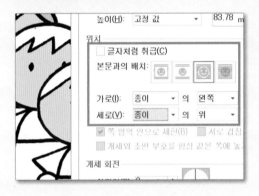

삽입한 이미지 설정은 용도에 따라 달라집니다. 하지만 투명 이미지의 특성을 살려 이미지끼리의 중첩 및 자유로운 이동이 가능하게 하려면 이미지 개체 속성을 옆 그림과 같이 설정해주면 좋습니다.

글자처럼 취급 – 해제
본문과의 배치 – 글 앞으로
가로/세로 – 종이

TIP 3. 파워포인트의 투명 이미지 가져오기

파워포인트에 삽입된 배경이 투명한 이미지를 복사해 그대로 한글 프로그램에 붙이면 배경이 흰색으로 바뀝니다. 만약 투명한 배경 속성을 살려서 가져오고 싶다면 골라 붙이기를 해야 합니다. 골라 붙이기 창에서 그림(메타파일)을 선택하면 투명 배경 속성을 유지한 채 이미지를 가져올 수 있습니다.

컬러 채색 이미지를 클립아트로 만들기

색연필이나 사인펜 그림, 수채화 그림 등 컬러 채색이 들어간 손그림을 디지털 클립아트로 만드는 방법을 알아봅시다.

STEP 1. 바탕 보정하기

컬러 채색이 들어간 손그림을 스캔한 후 메디방 페인트로 불러옵니다. [필터]-[레벨 보정] 기능을 활용해 오른쪽 조절점을 움직여 바탕색을 흰색에 가깝게 변경하고, 가운데 조절점을 움직여 이미지 색을 원하는 밝기로 변경합니다.

STEP 2. 휘도 선택하기 및 선택 영역 반전 지우기

메뉴에서 [선택]-[레이어를 바탕으로 작성/휘도]를 선택하면 투명도를 반영하여 이미지가 선택됩니다. 이미지 이외의 바탕을 지우기 위해서는 Ctrl + Shift + I를 눌러 선택 영역을 반전시킵니다.

다음으로 Del키를 눌러 선택 영역을 지웁니다. 마지막으로 Ctrl + D를 눌러 선택 영역을 해제시키면 배경은 완전히 투명으로 바뀌고 채색된 이미지는 옆의 그림처럼 투명도를 가진 이미지가 됩니다.

STEP 3. 레이어 복제하기 및 통합하기

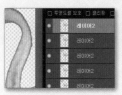

STEP 2에서 만들어진 레이어를 이미지가 중첩되어 원하는 색상이 나올 때까지 레이어 복제(Ctrl + J)를 합니다. 다음으로 [레이어]-[모든 레이어를 통합] 기능을 활용해 레이어를 하나로 만들어주고 PNG 파일로 저장합니다.

◀ 이렇게 만들어진 이미지는 색의 진하고 옅은 정도에 따라 다른 투명도를 가지게 되어 색이 연한 부분에서는 바탕색이 비치는 효과를 볼 수 있습니다.

이미지는 투명한 부분이 없고 배경만 투명하게 하고 ▶ 싶을 때는 레이어 복제를 더 많이 한 후 통합해주면 됩니다.

디지털로 도형 그림 그리기

파워포인트 프로그램 활용법

우리가 자주 사용하는 파워포인트로도 도형 그림을 그릴 수 있습니다. 마우스 클릭만으로 멋진 그림을 그려보세요.

01 도형 그림 그리기의 사전 준비

■ 파워포인트로 도형 그림을 그리기 위해서는 자주 사용하는 도구를 편하게 사용할 수 있도록 미리 설정해두는 것이 좋습니다.(최신 버전의 파워포인트를 사용할 경우 도형 병합, 도형 결합 등의 명령들이 도형의 [서식] 메뉴에 들어 있으므로 아래 단계는 건너뛰어도 됩니다.)

■ 파워포인트 상단 [파일] 메뉴에서 [옵션]을 선택합니다. 파워포인트 옵션 창이 나오면 왼쪽에 있는 [빠른 실행 도구 모음] 탭을 선택합니다. 명령 선택 창의 [많이 사용하는 명령]을 [모든 명령]으로 변경해 파워포인트의 모든 명령 기능이 보이도록 합니다.

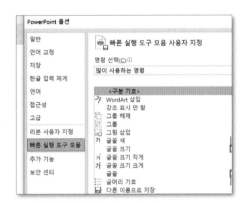
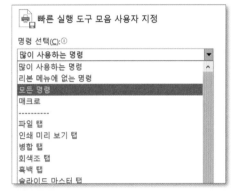

■ 왼쪽의 명령 선택 창에서 명령 기능을 선택하고 추가 버튼을 누르면 오른쪽 창에 명령 기능이 추가됩니다. 이와 같은 방식으로 앞으로 자주 사용할 명령 기능들을 순서대로 추가합니다.

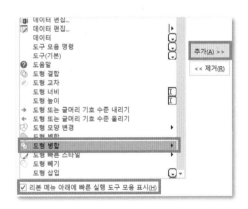
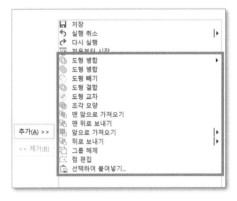

■ 마지막으로 옵션 창 아래쪽에 위치한 [리본 메뉴 아래에 빠른 실행 도구 모음 표시]를 체크합니다. 옵션 설정을 확인하고 나오면 상단 메뉴 아래에 다음과 같은 아이콘이 추가됩니다.

02 파워포인트 도형 알아보기

■ 파워포인트 도형은 상단 [삽입] 메뉴 아래 [도형] 아이콘을 선택해서 그릴 수 있습니다. 기본 도형부터 많이 쓰는 기호 및 자유롭게 그릴 수 있는 자유선까지 다양한 도형을 그릴 수 있도록 아이콘이 배치되어 있습니다.

■ 기본 도형 중 직사각형을 그리면 테두리가 있고 면에 색이 채워진 직사각형이 생깁니다. 이처럼 도형은 2가지 속성을 가지고 있습니다. 하나는 면 속성, 또 하나는 선 속성입니다. 모든 도형은 [서식] 탭에서 면 속성과 선 속성을 수정할 수 있습니다.

■ 속성을 변경하고 싶은 도형을 선택하면 상단에 [그리기 도구 – 서식]이라는 메뉴가 생깁니다. [서식] 탭에 들어가면 나타나는 [도형 채우기], [도형 윤곽선] 메뉴를 통해 도형의 면 속성과 선 속성을 설정할 수 있습니다.

도형 윤곽선 속성

■ [도형 윤곽선]에 들어가면 윤곽선의 색뿐만 아니라 두께, 모양까지 설정할 수 있습니다.

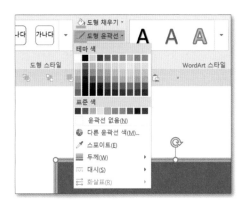
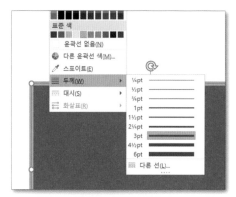

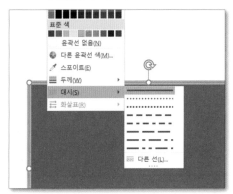
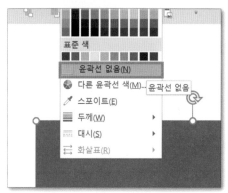

■ 도형 그림에서는 도형의 윤곽선은 나타내지 않습니다. 2개의 서로 다른 두 도형이 겹쳤을 때 윤곽선이 있으면 면을 연결하기 어렵기 때문입니다. 따라서 도형의 윤곽선은 [윤곽선 없음]으로 설정하는 것이 좋습니다.

■ 색 설정 창에 원하는 색이 없을 땐 다른 윤곽선 색을 선택하여 원하는 색을 얻을 수 있습니다. 또한 이미 사용한 색을 선택하고 싶을 땐 스포이트를 이용해서 원하는 색에 마우스 포인트를 클릭해 색을 뽑아내면 됩니다.

■ [도형 채우기]에 들어가면 단색뿐만 아니라 그림, 그라데이션, 질감 등 다양한 채우기 방법들을 볼 수 있습니다.

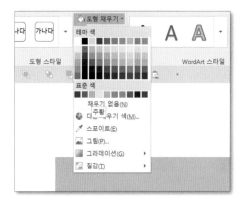

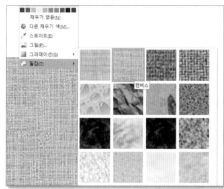

■ 도형 그림에서는 보통 단색을 사용합니다. 색 설정 창에 원하는 색이 없을 땐 [다른 채우기 색]을 선택하여 원하는 색을 선택합니다. 또한 이미 사용한 색을 선택하고 싶을 땐 스포이트를 이용해서 원하는 색에 마우스 포인트를 클릭해 색을 뽑아낼 수 있습니다.

■ 사용자 정의 색 설정에서 임의로 색을 선택해서 사용하더라도 최근 사용한 색으로 기록이 남기 때문에 나중에 언제라도 같은 색으로 작업할 수 있습니다.

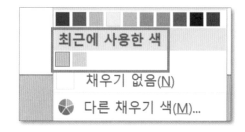

03 기본 도형 설정하기

- [도형 윤곽선]과 [도형 채우기] 설정을 도형을 그릴 때마다 해야 한다면 엄청 번거로울 것입니다. 이러한 불편을 덜고자 자주 쓰는 기본 설정을 저장할 수 있는 기능이 있습니다.

- 먼저 슬라이드에 도형을 그립니다. 그리고 원하는 [도형 윤곽선]과 [도형 채우기] 설정을 해줍니다. 이때 윤곽선은 보통 나타내지 않기 때문에 [윤곽선 없음]을 선택하고 채우기는 배경과 잘 구분되어 보이는 단색으로 설정합니다.

- 기본 설정이 완료되면 도형을 선택하고 마우스 오른쪽 버튼을 누릅니다. 이때 나오는 메뉴에서 [기본 도형으로 설정]을 선택합니다. 그러면 그 도형의 설정이 기본 설정으로 저장됩니다. 이후에는 어떤 도형을 그리더라도 저장되어 있는 설정으로 그려집니다.

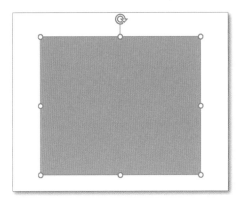 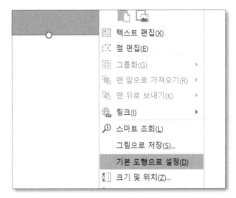

- 기본 도형 설정은 하나만 저장할 수 있어 다른 설정의 도형을 기본 도형으로 하면 이전의 설정은 지워지고 새로운 설정이 기본 도형으로 저장됩니다.

- 선을 그릴 때에도 같은 방식으로 [기본 선으로 설정]을 통해 선 속성을 저장하여 사용할 수 있습니다.

◆ 어떤 도형 속성을 그대로 사용하고 싶다면 어떻게 해야 할까요? 도형 속성을 복사하면 됩니다. 복사하고자 하는 도형을 선택하고 Ctrl+Shift+C를 눌러 속성을 복사합니다. 이후 속성을 적용하고 싶은 도형을 선택한 후 Ctrl+Shift+V를 누르면 복사된 속성이 적용됩니다.

04 도형의 병합, 빼기, 결합, 교차, 조각 알아보기

- 기본 도형들만으로 원하는 그림을 그릴 수 없을 때에는 기본 도형을 조합하여 새로운 형태를 만듭니다. 사전에 빠른 실행 도구 모음에 추가해놓은 도형 병합, 도형 빼기, 도형 결합, 도형 교차, 도형 조각을 통해 원하는 그림을 그릴 수 있습니다.

- 도형의 병합, 빼기, 결합, 교차, 조각을 적용하려면 2개의 도형이 있어야 합니다. 그리고 2개의 도형을 한꺼번에 선택해야 적용할 수 있습니다. 이때 한꺼번에 도형을 선택하는 방법은 드래그해서 2개의 도형을 모두 선택하는 방법과 Shift키나 Ctrl키를 누른 채로 원하는 도형을 하나하나 클릭해서 선택하는 방법이 있습니다.

 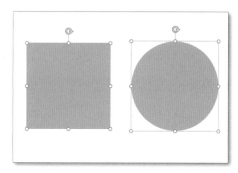

도형 병합 — 2개의 도형을 합쳐서 하나의 형태를 만드는 것입니다.

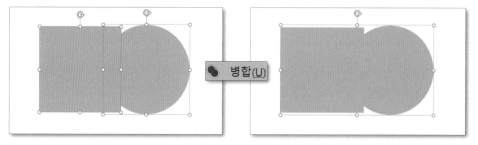

도형 빼기 — 하나의 도형에서 다른 도형과 겹치는 부분을 빼서 새로운 형태를 만드는 것입니다. 먼저 선택한 도형에서 나중에 선택한 도형 영역을 빼는 방법입니다.

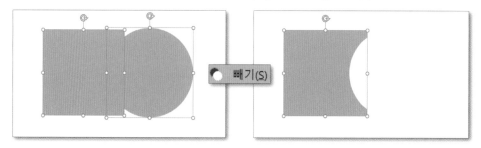

도형 결합 ■ 겹치는 부분은 빼고 겹치지 않는 나머지 부분을 하나의 형태로 만드는 것입니다.

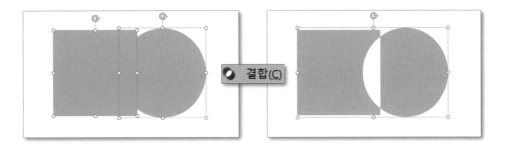

도형 교차 ■ 두 도형의 겹치는 부분만 남겨서 하나의 형태로 만드는 것입니다.

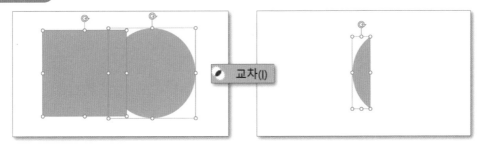

도형 조각 ■ 2개의 도형의 겹친 부분과 그렇지 않은 부분을 모두 각각의 형태로 만드는 것입니다.

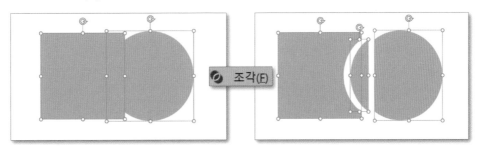

05 자유형과 점 편집 알아보기

자유형:도형

- 기본 도형인 삼각형, 사각형, 원으로 그리기 어렵거나 도형의 병합, 빼기, 결합, 교차, 조각으로도 모양을 쉽게 만들 수 없다면 자유형으로 다각형을 그리고 점 편집으로 곡선을 만들어 원하는 형태를 만들 수 있습니다.

- [도형]에서 [자유형:도형]은 마우스를 드래그하는 대로 도형이 그려지는 도구입니다. 하지만 마우스 드래그로는 정확한 형태를 만들기 어렵고 마우스의 떨림까지 반영되어 지저분한 도형이 되기 쉽습니다. 그래서 [자유형:도형]을 이용할 땐 먼저 만들고자 하는 도형의 꼭짓점만 클릭하여 직선으로 연결된 다각형을 그리는 것이 좋습니다.

 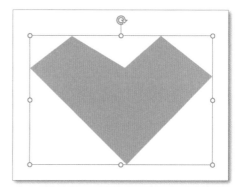

점 편집

- 원하는 도형에 곡선이 포함된다면 [자유형:도형]으로 직선의 다각형을 기본 형태로 만든 후 점 편집 기능을 활용하여 원하는 곳에 곡선을 만드는 것이 좋습니다.

- 먼저 직선을 곡선으로 수정할 도형을 선택하고 마우스 오른쪽 버튼을 누릅니다. 메뉴에서 [점 편집]을 선택하면 아래와 같이 각 꼭짓점에 조절점이 생깁니다.

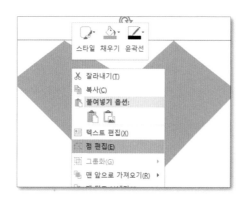 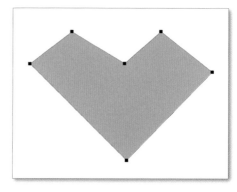

■ 각 꼭짓점의 조절점을 클릭하면 양쪽으로 선이 생기면서 끝에 하얀색 조절점이 나타납니다. 이 하얀색 조절점을 클릭해 움직이면 그 조절점이 있는 방향의 선이 휘어지며 곡선으로 수정할 수 있습니다.

■ 자연스러운 곡선을 만들기 위해서는 직선의 양 꼭짓점에서 조절점을 움직여 곡선을 표현하는 것이 좋습니다.

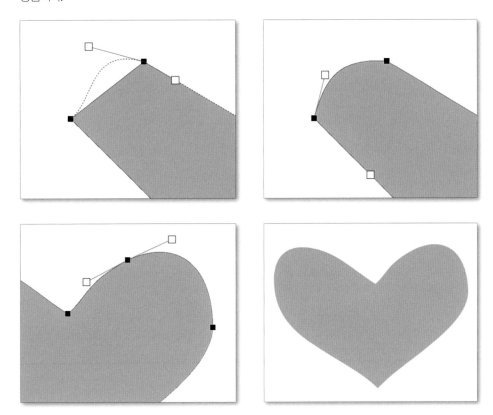

■ 두 곡선이 각지지 않고 자연스럽게 연결되도록 하려면 위의 세 번째 그림과 같이 꼭짓점과 양옆으로 생겨난 흰색 조절점이 일직선이 되도록 하면 됩니다.

■ 꼭짓점의 위치와 수에 따라 표현할 수 있는 곡선이 제한되기 때문에 점 편집을 통해 원하는 도형을 쉽게 제작하기 위해서는 기본이 되는 다각형 그리기 연습을 많이 해야 합니다.

06 이동, 회전, 확대, 축소, 반전 알아보기

■ 원하는 그림을 그리고 나서 다른 그림과 조합하려면 그림을 이동, 회전, 확대, 축소, 반전시키면서 적절한 위치와 방향, 크기를 설정해야 합니다.

이동　　■ 그림을 선택하고 드래그합니다.

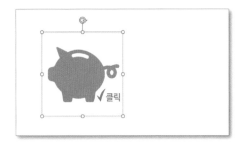 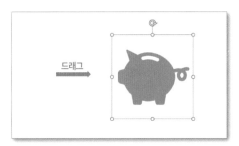

회전　　■ 그림을 선택하고 상단의 회전 모양 조절점을 클릭한 후 드래그합니다.

확대　　■ 그림을 선택하고 흰색 조절점을 밖으로 드래그합니다.

 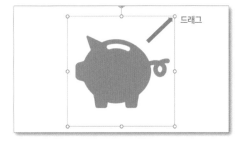

축소　　■ 그림을 선택하고 흰색 조절점을 안으로 드래그합니다.

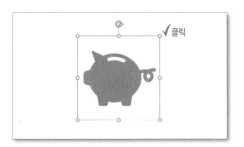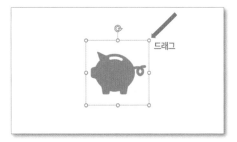

■ 그림 이동 시 드래그할 때 함께 누르면 기능하는 키

　Ctrl　그림을 복사할 수 있습니다.

　Shift　그림을 수직 혹은 수평으로만 이동합니다.

■ 그림 회전 시 드래그할 때 함께 누르면 기능하는 키

　Shift　일정한 각도(15도)씩 회전시킵니다. 각도는 [서식] 메뉴의 [도형] – [크기]에 들
　　어가면 변경할 수 있습니다.

■ 그림 확대, 축소 시 드래그할 때 함께 누르면 기능하는 키

　Ctrl　확대, 축소의 중심이 중앙이 되어 위치가 고정됩니다.

반전　　■ 그림의 반전은 상하 대칭, 좌우 대칭이 있습니다. 그림을 선택하고 상단 [서식] 메뉴
　　로 들어가서 [회전] 아이콘을 클릭합니다. 나타나는 메뉴에서 [상하 대칭] 또는 [좌
　　우 대칭]을 클릭해서 이미지를 반전시킵니다.

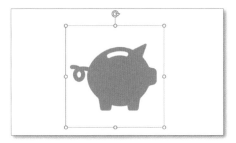

07 그룹 묶기

■ 도형 그림을 그리다가 그림이 어느 정도 완성되어서 하나의 개체로 묶고 싶을 때 또는 그림을 한꺼번에 묶어서 이동하거나 확대하는 등 편집을 편리하게 하고 싶을 때 여러 개의 그림을 묶는 것을 그룹 묶기라고 합니다. 그룹 묶기는 도형 병합과는 다르게 각각의 개체 속성은 유지한 채 임시로 그림을 묶는 것입니다.

■ 그림을 묶기 위해서는 묶고자 하는 모든 그림을 선택합니다. 그리고 마우스 오른쪽 버튼을 눌러 나온 메뉴에서 [그룹화]−[그룹]를 선택합니다. 반대로 묶인 그룹을 선택해 [그룹화]−[그룹 해제]를 선택하면 묶여 있던 개체들이 각각의 독립된 개체로 변합니다.

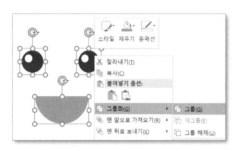 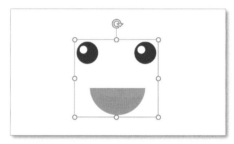

08 개체 정렬

■ 도형 그림을 그리다 보면 도형의 위아래 순서가 바뀌는 경우가 있습니다. 그러면 순서를 바꾸고자 하는 그림을 선택하고 상단 [서식] 메뉴의 [정렬] 아이콘을 선택해 그림을 앞으로 또는 뒤로 보내어 순서를 조절합니다. 이때 단축키를 사용할 수도 있습니다.

Ctrl + **Shift** + **]** 앞으로 가져오기

Ctrl + **Shift** + **[** 뒤로 보내기

10 도형 그림 그리기 예시 과정 살펴보기

① 얼굴 형태 그리기 (기본 도형으로 설정)

모서리가 둥근 사각형을 이용해 얼굴의 형태를 그립니다. [도형 윤곽선] 설정은 [윤곽선 없음]으로 선택하고 [도형 채우기] 색은 알맞은 피부색으로 정합니다. 그리고 이것을 기본 도형으로 설정합니다.

② 눈 그리기 (복사하기)

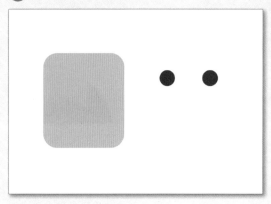

얼굴 형태 옆에 눈으로 사용할 원을 그리고, 알맞은 눈동자 색으로 바꿉니다. 그리고 이를 복사해서 옆에 붙여 넣습니다.

③ 입 그리기 (도형 빼기)

눈 아래 원을 하나 더 그리고 그 위에 직사각형을 덧그립니다. 원이 직사각형에 절반만 겹치게 위치를 조정한 후 도형 빼기를 통해 반원을 만듭니다. 입을 알맞은 색으로 채웁니다.

④ 눈과 입 배치하기 (그룹 묶기, 크기 조절)

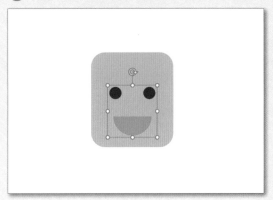

눈과 입을 한꺼번에 선택한 후 그룹으로 묶습니다. 이것을 얼굴 형태 위로 옮겨 배치한 후 알맞은 크기로 조절합니다.

⑤ 앞머리 그리기 (자유형)

자유형을 이용해서 앞머리 모양을 그립니다. 이때 머리를 벗어나는 부분은 대충 모양을 만들고 끝점을 시작점과 연결하여 도형을 완성합니다.
(앞머리를 곡선으로 표현하고 싶으면 점 편집 기능을 활용합니다.)

⑥ 앞머리 그리기 (도형 교차)

얼굴 형태를 선택해서 복사한 후 원래 있던 얼굴 형태와 겹치도록 배치합니다. 앞머리 모양 도형과 복사한 얼굴형태를 모두 선택하고 도형 교차를 합니다. 도형 교차 후에는 도형의 색이 두 도형의 색 중 하나로 변경되므로 원하는 머리 색으로 다시 변경합니다.

❼ 상체 그리기 (도형 빼기)

원을 그리고 그 절반이 겹치도록 직사각형을 그립니다. 두 도형을 선택 후 도형 빼기를 해서 위로 볼록한 반원을 만듭니다. 이후 원하는 의상 색상을 골라 채우기 색을 설정합니다.

❽ 상체 그리기 (회전, 도형 교차)

만들어둔 반원을 복사해서 원본과 겹치도록 배치합니다. 그리고 다시 반원을 복사한 후 회전시켜 뒤집습니다. 아래 반원과 뒤집어진 반원 모두를 선택하고 도형 교차를 합니다. 그렇게 만들어진 도형의 색을 얼굴색으로 설정합니다.

❾ 목 그림자 그리기 (자유형, 도형 교차)

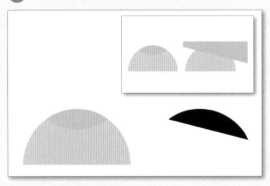

상체 반원을 옆에 복사합니다. 다음으로 자유형을 이용해서 반원의 위쪽 부분에 옆으로 비스듬하게 지나도록 선을 그리고 끝점과 시작점을 연결해 도형을 완성시킵니다. 그리고 두 도형을 선택해서 도형 교차를 하고 만들어진 그림을 검정색으로 바꿉니다.

⑩ 목 그림자 그리기 (투명도)

앞서 만든 그림을 옆에 있는 상체 위에 겹치도록 배치합니다. 그리고 [서식]에 들어가 [투명도]를 95% 정도로 설정하여 연한 그림자 같은 효과를 만듭니다.

⑪ 상체 배치하기 (그룹 묶기)

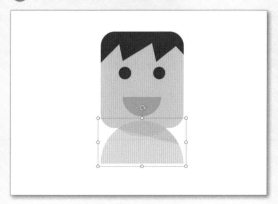

완성된 상체를 모두 선택해서 그룹으로 묶어줍니다. 그리고 얼굴 아래쪽으로 이동시켜 적당한 위치에 배치합니다.

⑫ 상체 배치하기 (개체 정렬)

상체가 얼굴보다 앞에 나와 있는 경우 상체를 선택하고 [서식] 메뉴의 [정렬]에서 [맨 뒤로 보내기]를 선택하거나 [뒤로 보내기]를 필요한 만큼 반복해서 상체가 얼굴보다 뒤에 놓이도록 조정합니다.

⑬ 전체 그림자 그리기 (그룹 해제. 도형 병합)

완성된 인물 전체를 선택한 후 옆에 복사합니다. 그리고 복사한 개체 모두를 선택한 다음 그룹을 해제합니다. 그룹을 해제하면 도형 병합 아이콘이 활성화됩니다. 개체 모두를 선택하고 도형 병합을 합니다.

⑭ 전체 그림자 그리기 (도형 빼기)

앞서 병합한 그림에 절반이 겹쳐지도록 직사각형을 그립니다. 그리고 두 도형을 선택 후 도형 빼기를 해서 절반만 남깁니다.

⑮ 전체 그림자 그리기 (투명도)

그림을 검정색으로 변경한 후 [서식]의 [투명도]를 95% 정도로 설정합니다. 그리고 원본 그림 위에 겹쳐서 배치합니다.

⑯ 캐릭터 완성하기 (그룹 묶기)

캐릭터의 기본적인 형태가 완성되었으면 전체를 선택한 후 그룹으로 묶어 줍니다. 그룹으로 묶인 개체는 복사, 이동, 회전, 확대 등이 편리합니다.

⑰ 액세서리 꾸미기

캐릭터에 추가할 모자나 소품 등 다양한 액세서리를 만듭니다. 액세서리를 만들 땐 앞서 캐릭터를 만들었던 과정을 참고하여 개체를 만들고 그룹으로 묶어 완성합니다.

⑱ 완성하기

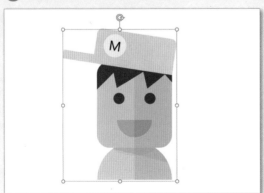

캐릭터와 액세서리 모두를 선택한 후 다시 그룹으로 묶어서 최종적으로 완성합니다. 그룹으로 묶여 있는 개체를 수정하고 싶을 땐 그룹을 더블 클릭하여 그룹 속으로 들어가서 각각의 개체를 수정할 수 있습니다.

11 그림 복사해서 사용하기

■ 파워포인트에서 제작한 그림은 다른 저장 과정 없이 파워포인트에서 개체를 복사해서 다른 파워포인트 문서나 한글 문서에 쉽게 넣을 수 있습니다.

다른 파워포인트 문서로 그림 복사하기

■ 파워포인트 도형 그림을 다른 파워포인트 문서에 넣기 위해서는 그림 개체를 복사한 후 파워포인트의 슬라이드에 붙이기만 하면 됩니다. 가끔 서식이 바뀌어 그림의 속성이 달라지는 경우가 있는데, 이럴 땐 복사된 그림의 아래쪽에 나타나는 [붙여넣기 옵션] 혹은 마우스 오른쪽 버튼을 눌러 나오는 [붙여넣기 옵션]에서 [원본 서식 유지]라는 아이콘을 선택하면 원래의 서식이 그대로 복사됩니다.

한글 문서로 그림 복사하기

■ 파워포인트 도형 그림을 한글 문서에 넣기 위해서는 먼저 파워포인트에서 그림을 선택하고 복사합니다. 그리고 다시 한글 문서로 와서 그냥 붙이기가 아닌 [편집]-[골라 붙이기]를 선택합니다. 골라 붙이기 창이 뜨면 선택할 수 있는 데이터 형식이 있는데 이때 그림(메타파일)을 선택하면 됩니다.

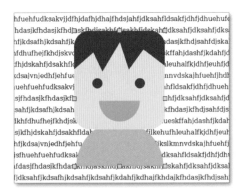

■ 그림(메타파일) 형식으로 붙여진 그림은 배경이 투명하게 적용되어 다른 그림에 겹쳐서 배치할 수도 있고 글자 위에 자연스럽게 배치할 수도 있습니다.

12 이미지 저장하기

- 파워포인트에서는 다양한 형태로 이미지를 저장할 수 있습니다. 따라서 용도에 맞게 저장 형식을 선택하는 것이 좋습니다.

- 파워포인트 문서를 이미지로 저장할 때는 슬라이드 전체를 이미지 파일로 저장합니다. 따라서 하나의 개체만 이미지 파일로 저장하고 싶으면 그 개체에 맞게 슬라이드를 새로 만든 후 개체를 배치하여 저장해야 합니다.

JPG 파일 저장

- JPG 파일은 가장 흔히 사용하는 이미지 파일 형식으로 인쇄나 웹 게시용으로 널리 사용됩니다. 다만 배경을 투명하게 저장할 수는 없습니다.

- JPG 파일로 저장하기 위해서는 [파일]-[다른 이름으로 저장]-[파일 형식]에서 *.jpg를 선택하여 저장하면 됩니다.

PNG 파일 저장

- PNG 파일은 배경을 투명하게 저장할 수 있는 파일 형식입니다. 파워포인트에서 이미지의 배경을 투명하게 저장하려면 슬라이드 배경 서식에서 배경의 투명도를 100%로 설정해야 합니다.

- PNG 파일로 저장하기 위해서는 [파일]-[다른 이름으로 저장]-[파일 형식]에서 *.png를 선택하여 저장하면 됩니다.

PDF 파일 저장

- PDF 파일은 파워포인트 도형 그림을 벡터 형식으로 저장할 수 있습니다. 벡터 형식이란 확대해도 이미지가 깨지지 않는 방식으로 파워포인트로 디자인한 이미지나 문서를 큰 현수막으로 뽑을 때 사용하면 유용합니다.

- PDF 파일도 투명 정보를 저장할 수 있습니다. 따라서 배경을 투명하게 저장하고 싶으면 슬라이드 배경 서식에서 배경의 투명도를 100%로 설정해야 합니다.

- PDF 파일로 저장하기 위해서는 [파일]-[내보내기]-[PDF/XPS 문서 만들기]를 선택하면 됩니다.